kna

*concert register
and discography of
hans knappertsbusch
1888-1965*

compiled by john hunt

Hans Knappertsbusch 1888-1965: an introduction
To younger generations of record collectors the name of Hans Knappertsbusch – or *Kna*, as he was known to his inner circle of friends and admirers – is probably nowadays only recalled as a conductor of post-war Wagner performances at Bayreuth. It is certainly an area of his activity that is well documented: with very few exceptions all his performances at Bayreuth between 1951 and 1964 are accessible in CD transfers.

However, that is only part of the picture. After a long and successful apprenticeship in minor German opera houses, with additional work as a *répétiteur* in Bayreuth and responsibilty at a very early age for important Wagner performances in the Netherlands, Knappertsbusch assumed eminence in the German musical establishment alongside Wilhelm Furtwängler and Clemens Krauss by becoming, in the 1920s, Bruno Walter's successor at the *Bayerische Staatsoper* in Munich. From that period date his first shellac recordings made both in Munich and Berlin. Ousted from his Munich position by the Nazis, who preferred the more malleable Krauss, Knappertsbusch transferred his activities to Vienna, where he was feted equally for his opera performances (documented in a fragmentary manner by the engineer Hermann May) as for his concerts with the *Wiener Philharmoniker*. After the Second World War, his time was divided between Vienna and Munich – and, of course, Bayreuth.

Hans Knappertsbusch grew up very much in the German Late Romantic sound world (his tutor was the Brahms disciple Fritz Steinbach), and it could be said that he heard all the music he conducted through the prism of lush and homogenously blended sounds, with much more emphasis on conveying mood than on achieving any sort of precision. Some detractors may even have described the Knappertsbusch technique as sloppy, but to my ears it is a perfectly appropriate and successful approach to the Germanic tradition right back to Bach and as far forward as Richard Strauss. The style may be described by some as *old world*, but it is one which has been marvellously resurrected in our own times by the conductor Christian Thielemann. And to name but one effective characteristic of the style, I think of that deliberate imprecision in a work's (or section's) opening chord, a device which heightens tension and one which of course was also a hallmark of Wilhelm Furtwängler.

The official discography is itself not inconsiderable (over 200 shellac sides for the labels Odeon, Homocord, Grammophon, Electrola and Decca, followed by 37 LPs mainly for Decca), but as John Culshaw relates in his books *Putting the Record straight* and *Ring Resounding*, Knappertsbusch was no friend of the recording process and was gradually dropped by Decca in favour of more compliant conductors. There remains the more important legacy of live concert recordings, issues instigated in the days of LP by Franz Braun of the Hans-Knappertsbusch-Gesellschaft but now spread over innumerable CD labels and revealing Knappertsbusch in the repertory in which he excelled.

Wagner will of course remain the focal point of study, and nowhere in greater depth than in the case of *Parsifal*. The concert register shows that *Kna* conducted the work approaching 200 times: 53 of these were at Bayreuth itself, of which no fewer than 13 were broadcast by Bavarian Radio.

Both the 1951 (published commercially by Decca, latterly by Naxos) and 1962 versions (published commercially by Philips) are spoken highly of by Wagner experts, but my choice, if restricted to only one Knappertsbusch version of the work, would be that from 1954 (published by Golden Melodram and Archipel).

For the concert register I have endeavoured, wherever possible, to name as many principal soloists as possible, but would be happy to hear from any readers who can provide further information in this respect. In those instances where two performances are shown as taking place on one day, it can be assumed that the first one was a morning concert (a frequent practice in Vienna, for example).

Finally I acknowledge help given to me by the following friends and collectors: Franz Braun, Bér Engels, Syd Gray, John Hancock, Klaus Heinze, Roderick Krüsemann, H. de Meulemeester, Aman Pederson, Tully Potter, Terje Thorp, Malcolm Walker, John Welson and the Japanese Syuzo website.

John Hunt Copyright 2007
Hans Knappertsbusch discography and concert register

Concert register/*page 9*
Discography/*page 225*

Hans Knappertsbusch
Published by John Hunt.
© 2007 John Hunt
reprinted 2009
ISBN 978-1-901395-22-8

Sole distributors:
Travis & Emery,
17 Cecil Court,
London, WC2N 4EZ,
United Kingdom.
(+44) 20 7 459 2129.
sales@travis-and-emery.com

Verein Wiener Tonkünstler-Orchester
Wien I, Canovagasse 4 — Halbstock.

Donnerstag, den 15. März 1923, abends 7 Uhr
im Großen Musikvereins-Saal

Ausserordentliches Konzert

Dirigent:

Generalmusikdirektor HANS KNAPPERTSBUSCH
Oper — München

(Nachfolger des Generalmusikdirektors Bruno Walter)

Mitwirkend:

Das Wiener Sinfonie-Orchester.

PROGRAMM:

BRAHMS . . . . III. Sinfonie F-dur.

BEETHOVEN . . . . . . III. Sinfonie Es-dur („Eroica").

1910/**elberfeld**
schülerkapelle des elberfelder realgymnasiums

1912/**mülheim stadttheater**
rossini il barbiere di siviglia

1913/**rotterdam**
beethoven fidelio

15 september 1913/**elberfeld theater am brausenwerth**
maillart das glöckchen des eremiten

30 september 1913/**elberfeld theater am brausenwerth**
flotow martha

14 december 1913/**elberfeld theater am brausenwerth**
zöllner der schützenkönig

31 january 1914/**elberfeld theater am brausenwerth**
wagner parsifal
erna erregots-busch (kundry)
karl baum (parsifal)
willy zilken (amfortas)
hans erl (gurnemanz)
gerhard pagenstecher (klingsor)
jean glückmann-ernest (titurel)

1 february 1914/**elberfeld theater am brausenwerth**
wagner parsifal
cast as for 31 january 1914

3 february 1914/**elberfeld theater am brausenwerth**
wagner die meistersinger von nürnberg

11 february 1914/**rotterdam groote schouwburg**
guest performance by städtisches theater elberfeld
wagner lohengrin
greta van sant-jousson (elsa)
augusta müller (ortrud)
karl baum (lohengrin)
erich hunold (telramund)
hans erl (heinrich)
willy zilken (heerrufer)

11 march 1914/**rotterdam groote schouwburg**
guest performance by städtisches theater elberfeld
wagner die meistersinger von nürnberg
greta van sant-jousson (eva)
augusta müller (magdalene)
karl baum (stolzing)
hans joachim faber (david)
erich hunold (sachs)
hans erl (pogner)
paul niels (beckmesser)

4 may 1914/**rotterdam groote schouwburg**
performance with concertgebouworkest amsterdam
wagner parsifal
adelheid nissen (kundry)
jacques urlus (parsifal)
willy zilken (amfortas)
hans erl (gurnemanz)
erich hunold (klingsor)
gottfried hagedorn (titurel)

6 may 1914/**rotterdam groote schouwburg**
performance with concertgebouworkest amsterdam
wagner parsifal
cast as for 4 may 1914

29 august 1914/**elberfeld stadthalle am johannisberg**
charity concert for the unemployed
wagner meistersinger overture/beethoven leonore 3 overture
other works in the concert conducted by karl gemünd

3 may 1916/**rotterdam groote schouwburg**
guest performance by städtisches theater elberfeld but with the arnhemse orkestvereninging
wagner die walküre
mimi werhard-poentgen (brünnhilde)
sofie wolf (sieglinde)
else günzel-bengell (fricka)
karl schröder (siegmund)
karl armster (wotan)
alfons schützendorf-bellwidt (hunding)

8 march 1917/**rotterdam groote schouwburg**
wagner siegfried
edyth walker (brünnhilde)
else günzel-bengell (erda)
hanna dewern (waldvogel)
richard schubert (siegfried)
ludwig vanoni (mime)
harry de garmo (wanderer)
willy zilken (alberich)
rené van rheyn (fafner)

15 october 1917/**rotterdam groote schouwburg**
performance with utrechts stedelijkorkest
wagner tristan und isolde
beatrice lauer-kottler (isolde)
else günzel-bengell (brangäne)
fritz vogelstrom (tristan)
tillmani liszewski (kurwenal)
julius gless (marke)
fritz düttbernd (melot)

10 january 1918/**amsterdam concertgebouw**
concertgebouworkest
wagner parsifal prelude/zaubergarten und blumen-
mädchen/karfreitagszauber/zöllner symphony 3

2 may 1918/**elberfeld theater am brausenwerth**
wagner die meistersinger von nürnberg

30 june 1918/**leipzig neues theater**
wagner siegfried

2 july 1918/**leipzig neues theater**
beethoven fidelio

7 july 1918/**leipzig neues theater**
mozart die zauberflöte

10 july 1918/**leipzig neues theater**
wagner tannhäuser

15 november 1918/**leipzig neues theater**
humperdinck königskinder

18 november 1918/**leipzig neues theater**
bizet carmen

25 november 1918/**leipzig neues theater**
beethoven fidelio

2 december 1918/**leipzig neues theater**
humperdinck königskinder

17 december 1918/**leipzig neues theater**
humperdinck königskinder

21 december 1918/**leipzig neues theater**
d'albert der stier von olivera

26 december 1918/**leipzig neues theater**
wagner die meistersinger von nürnberg

28 december 1918/**leipzig neues theater**
bizet carmen

3 january 1919/**leipzig neues theater**
d'albert tiefland

19 january 1919/**leipzig neues theater**
wagner tristan und isolde

21 january 1919/**leipzig neues theater**
humperdinck königskinder

25 january 1919/**leipzig neues theater**
wagner tannhäuser

31 january 1919/**leipzig neues theater**
wagner siegfried

11 february 1919/**leipzig neues theater**
wagner tannhäuser

18 february 1919/**leipzig neues theater**
d'albert der stier von olivera

22 february 1919/**leipzig neues theater**
d'albert tiefland

24 february 1919/**leipzig neues theater**
wagner lohengrin

12 march 1919/**leipzig neues theater**
d'albert der stier von olivera

17 march 1919/**dessau hoftheater**
hofkapelle dessau
wagner rienzi overture/smetana moldau/tchaikovsky symphony 6

19 march 1919/**dessau hoftheater**
wagner die meistersinger von nürnberg

21 march 1919/**leipzig neues theater**
wagner tristan und isolde

24 march 1919/**leipzig neues theater**
bizet carmen

29 march 1919/**leipzig neues theater**
beethoven fidelio

31 march 1919/**dessau hoftheater**
hofkapelle dessau
beethoven programme
egmont overture/violin concerto/symphony 5
julian gumbert

15 april 1919/**dessau hoftheater**
wagner das rheingold

april 1919/**dessau hoftheater**
wagner die walküre

april 1919/**dessau hoftheater**
wagner siegfried

30 april 1919/**dessau hoftheater**
wagner götterdämmerung

17 may 1919/**leipzig neues theater**
beethoven fidelio

22 may 1919/**leipzig neues theater**
wagner die meistersinger von nürnberg

25 may 1919/**leipzig neues theater**
beethoven fidelio

29 may 1919/**leipzig neues theater**
wagner lohengrin

15 june 1919/**leipzig neues theater**
wagner siegfried

24 june 1919/**leipzig neues theater**
wagner lohengrin

29 june 1919/**leipzig neues theater**
humperdinck königskinder

1 october 1919/**dessau friedrich-theater**
wagner tannhäuser

20 march 1920/**dessau friedrich-theater**
strauss der rosenkavalier

21 november 1920/**magdeburg fürstenhof**
hofkapelle dessau
tchaikovsky symphony 6/beethoven symphony 5

16 december 1920/**dessau friedrich-theater**
hofkapelle dessau
beethoven symphony 9

11 january 1921/**köthen**
hofkapelle dessau
<u>beethoven programme</u>

10 february 1921/**dessau friedrich-theater**
hofkapelle dessau
beethoven symphony 9

21 february 1921/**dessau friedrich-theater**
hofkapelle dessau
mendelssohn/mozart/weber/strauss

16 march 1921/**köthen**
hofkapelle dessau

13 april 1921/**dessau friedrich-theater**
hofkapelle dessau
beethoven symphony 9

2 september 1921/**dessau friedrich-theater**
verdi aida

11 november 1921/**dessau friedrich-theater**
korngold die tote stadt

4 march 1922/**dessau tivoli saal**
hofkapelle dessau

2 may 1922/**munich odeonssaal**
bayerisches staatsorchester
beethoven symphony 2/brahms symphony 2

4 may 1922/**munich nationaltheater**
wagner die meistersinger von nürnberg

7 may 1922/**munich nationaltheater**
mozart die zauberflöte

9 may 1922/**munich nationaltheater**
wagner die walküre

5 september 1922/**dessau kristallpalastsaal**
hofkapelle dessau
wagner/tchaikovsky symphony 6

5 october 1922/**munich nationaltheater**
wagner tristan und isolde

9 october 1922/**munich odeonssaal**
bayerisches staatsorchester
bach brandenburg concerto 3/brahms haydn variations/
beethoven symphony 4

9 december 1922/**munich nationaltheater**
korngold die tote stadt

6 january 1923/**munich prinzregententheater**
wagner parsifal

12 january 1923/**munich prinzregententheater**
wagner parsifal

15 march 1923/**vienna musikverein**
wiener symphoniker
brahms symphony 3/beethoven symphony 3

29 march 1923/**munich prinzregententheater**
wagner parsifal

31 march 1923/**munich prinzregententheater**
wagner parsifal

5 april 1923/**munich tonhalle**
münchner philharmoniker
brahms programme
double concerto/symphony 3/violin concerto
adolf busch
paul grümmer

15 may 1923/**munich odeonssaal**
bayerisches staatsorchester
mozart programme
symphony 40/violin concerto 5/2 arias/symphony 39
adolf busch
heinrich rehkemper

20 may 1923/**munich nationaltheater**
mozart die zauberflöte
karl erb (tamino)
paul bender (sarastro)
adele kern (papagena)

1 august 1923/**munich prinzregententheater**
wagner die meistersinger von nürnberg

11 august 1923/**munich prinzregententheater**
wagner parsifal

13 august 1923/**munich prinzregententheater**
wagner tristan und isolde

15 august 1923/**munich prinzregententheater**
wagner parsifal

26 august 1923/**munich prinzregententheater**
wagner tannhäuser

28 august 1923/**munich prinzregententheater**
wagner das rheingold

30 august 1923/**munich prinzregententheater**
wagner die walküre

1 september 1923/**munich prinzregententheater**
wagner siegfried

3 september 1923/**munich prinzregententheater**
wagner götterdämmerung

23 september 1923/**munich prinzregententheater**
wagner parsifal

27 september 1923/**munich prinzregententheater**
wagner die meistersinger von nürnberg

4-5 october 1923/**vienna musikverein**
wiener symphoniker
sängerbund dreizehnlinden
beethoven symphony 9
klara musil
emilie rutschka
georg maikl
richard mayr

28 november 1923/**munich nationaltheater**
handel giulio cesare

6 january 1924/**munich prinzregententheater**
wagner parsifal

8 january 1924/**munich prinzregententheater**
wagner parsifal

24-25 january 1924/**vienna musikverein**
wiener symphoniker
mozart symphony 41/haydn cello concerto/beethoven symphony 7
emanuel feuermann

24 march 1924/**munich odeonssaal**
bayerisches staatsorchester
<u>programme included</u>
beethoven symphony 4

4 april 1924/**vienna musikverein**
wiener symphoniker
strauss till eulenspiegel/sinigaglia piemontesischer tanz/
mahler symphony 4

6 april 1924/**munich odeonssaal**
bayerisches staatsorchester
lehrergesangsverein
beethoven symphony 9
merz
schreiber
depser
sterneck

19 april 1924/**munich prinzregententheater**
wagner parsifal

21 april 1924/**munich prinzregententheater**
wagner parsifal

1 august 1924/**munich prinzregententheater**
wagner die meistersinger von nürnberg

3 august 1924/**munich prinzregententheater**
wagner das rheingold

4 august 1924/**munich prinzregententheater**
wagner die walküre

6 august 1924/**munich prinzregententheater**
wagner siegfried

8 august 1924/**munich prinzregententheater**
wagner götterdämmerung

10 august 1924/**munich prinzregententheater**
wagner tristan und isolde

15 august 1924/**munich prinzregententheater**
wagner parsifal

19 august 1924/**munich prinzregententheater**
wagner parsifal

24 august 1924/**munich prinzregententheater**
wagner parsifal

27 august 1924/**munich prinzregententheater**
wagner parsifal

6 september 1924/**munich prinzregententheater**
wagner parsifal

9 september 1924/**munich prinzregententheater**
wagner die meistersinger von nürnberg

october 1924/**munich prinzregententheater**
pfitzner die rose vom liebesgarten

15 november 1924/**munich nationaltheater**
braunfels don gil von der grünen hose

4 january 1925/**munich prinzregententheater**
wagner parsifal

6 january 1925/**munich prinzregententheater**
wagner parsifal

8 january 1925/**munich prinzregententheater**
wagner parsifal

11 april 1925/**munich prinzregententheater**
wagner parsifal

13 april 1925/**munich prinzregententheater**
wagner parsifal

30 april 1925/**munich prinzregententheater**
franckenstein li tai pe

1 august 1925/**munich prinzregententheater**
wagner die meistersinger von nürnberg

5 august 1925/**munich prinzregententheater**
wagner das rheingold

7 august 1925/**munich prinzregententheater**
wagner die walküre

9 august 1925/**munich prinzregententheater**
wagner siegfried

11 august 1925/**munich prinzregententheater**
wagner götterdämmerung

13 august 1925/**munich prinzregententheater**
wagner tristan und isolde

15 august 1925/**munich prinzregententheater**
wagner parsifal

18 august 1925/**munich prinzregententheater**
wagner die meistersinger von nürnberg

20 august 1925/**munich prinzregententheater**
wagner parsifal

25 august 1925/**munich prinzregententheater**
wagner parsifal

30 august 1925/**munich prinzregententheater**
wagner parsifal

8 september 1925/**munich prinzregententheater**
wagner parsifal

9 september 1925/**munich prinzregententheater**
wagner die meistersinger von nürnberg

8 november 1925/**munich nationaltheater**
wagner die meistersinger von nürnberg
elisabeth feuge (eva)
otto wolf (stolzing)
wilhelm rode (sachs)
berthold sterneck (pogner)
hans hermann nissen (kothner)
josef geis (beckmesser)

14-15 november 1925/**munich odeonssaal**
bayerisches staatsorchester
<u>programme included</u>
brahms violin concerto
adolf busch

6 january 1926/**munich prinzregententheater**
wagner parsifal

10 january 1926/**munich prinzregententheater**
wagner parsifal

23 january 1926/**munich nationaltheater**
sullivan the mikado
anny frind (yum yum)
hedwig fichtmüller (katisha)
erik wildhagen (mikado)
martel schellenberg (pitti sing)
erich zimmermann (ki ki ki)
berthold sterneck (pooh bah)

18 february 1926/**vienna musikverein**
wiener symphoniker
korngold lustspiel-ouvertüre/mahler lieder eines fahrenden gesellen/strauss also sprach zarathustra/wagner rienzi overture

3 april 1926/**munich prinzregententheater**
wagner parsifal

5 april 1926/**munich prinzregententheater**
wagner parsifal

21 may 1926/**munich nationaltheater**
strauss intermezzo

27 may 1926/**dessau friedrich-theater**
wagner die meistersinger von nürnberg

1 august 1926 / **munich prinzregententheater**
wagner die meistersinger von nürnberg
elisabeth feuge (eva)
luise willer (magdalene)
otto wolf (stolzing)
karl seydel (david)
wilhelm rode (sachs)
paul bender (pogner)
hans hermann nissen (kothner)
josef geis (beckmesser)

2 august 1926 / **munich residenztheater**
mozart die entführung aus dem serail
felicie hüni-mihacsek (konstanze)
martel schellenberg (blondchen)
fritz krauss (belmonte)
erich zimmermann (pedrillo)
berthold sterneck (osmin)
emil grifft (bassa selim)

3 august 1926 / **munich prinzregententheater**
wagner parsifal
gertrud kappel (kundry)
nikolai reinfeld (parsifal)
hans hermann nissen (amfortas)
paul bender (gurnemanz)
august wiedemann (klingsor)
julius gless (titurel)
luise willer (stimme von oben)

4 august 1926/**munich residenztheater**
mozart le nozze di figaro
felicie hüni-mihacsek (contessa)
elisabeth schumann (susanna)
martel schellenberg (cherubino)
hedwig fichtmüller (marcellina)
heinrich rehkemper (conte)
berthold sterneck (figaro)

6 august 1926/**munich residenztheater**
mozart die zauberflöte
elisabeth feuge (pamina)
anny frind (papagena)
fritzi jokl (königin der nacht)
fritz krauss (tamino)
heinrich rehkemper (papageno)
paul bender (sarastro)
hans hermann nissen (sprecher)
erich zimmermann (monostatos)

7 august 1926/**munich prinzregententheater**
wagner das rheingold
luise willer (fricka)
ella flesch (freia)
maria olczewska (erda)
wilhelm rode (wotan)
erik wildhagen (donner)
karl seydel (mime)
fritz fitzau (loge)
august wiedemann (alberich)
julius gless (fafner)
berthold sterneck (fasolt)

8 august 1926/**munich prinzregententheater**
wagner die walküre
elisabeth ohms (brünnhilde)
gertrud kappel (sieglinde)
luise willer (fricka)
heinrich knote (siegmund)
wilhelm rode (wotan)
julius gless (hunding)

10 august 1926/**munich prinzregententheater**
wagner siegfried
elisabeth ohms (brünnhilde)
maria olczewska (erda)
anny frind (waldvogel)
otto wolf (siegfried)
karl seydel (mime)
wilhelm rode (wanderer)
august wiedemann (alberich)
julius gless (fafner)

12 august 1926/**munich prinzregententheater**
wagner götterdämmerung
elisabeth ohms (brünnhilde)
ella flesch (gutrune)
maria olczewska (waltraute)
otto wolf (siegfried)
hans hermann nissen (gunther)
paul bender (hagen)
august wiedemann (alberich)

14 august 1926/**munich residenztheater**
mozart don giovanni
leone kruse (anna)
felicie hüni-mihacsek (elvira)
martel schellenberg (zerlina)
richard tauber (ottavio)
wilhelm rode (giovanni)
berthold sterneck (leporello)
hans hermann nissen (commendatore)

15 august 1926/**munich prinzregententheater**
wagner parsifal
sofie wolf (kundry)
hendrik appels (parsifal)
emil schipper (amfortas)
paul bender (gurnemanz)
hermann wiedemann (klingsor)
julius gless (titurel)
hedwig fichtmüller (stimme von oben)

17 august 1926/**munich prinzregententheater**
wagner die meistersinger von nürnberg
elisabeth feuge (eva)
hedwig fichtmüller (magdalene)
fritz krauss (stolzing)
karl seydel (david)
wilhelm rode (sachs)
paul bender (pogner)
hans hermann nissen (kothner)
josef geis (beckmesser)

22 august 1926 / **munich prinzregententheater**
wagner parsifal
gertrud kappel (kundry)
otto wolf (parsifal)
wilhelm rode (amfortas)
paul bender (gurnemanz)
desider zador (klingsor)
julius gless (titurel)
maria olczewska (stimme von oben)

25 august 1926 / **munich prinzregententheater**
wagner die meistersinger von nürnberg
lotte lehmann (eva)
luise willer (magdalene)
heinrich knote (stolzing)
karl seydel (david)
emil schipper (sachs)
paul bender (pogner)
hans hermann nissen (kothner)
josef geis (beckmesser)

4 september 1926 / **munich prinzregententheater**
wagner parsifal
elisabeth ohms (kundry)
hendrik appels (parsifal)
heinrich rehkemper (amfortas)
paul bender (gurnemanz)
desider zador (klingsor)
julius gless (titurel)
signe schillander (stimme von oben)

5 september 1926/**munich prinzregententheater**
wagner die meistersinger von nürnberg
elisabeth feuge (eva)
luise willer (magdalene)
fritz krauss (stolzing)
karl seydel (david)
wilhelm rode (sachs)
paul bender (pogner)
hans hermann nissen (kothner)
josef geis (beckmesser)

20 october 1926/**munich nationaltheater**
wagner tristan und isolde

november 1926/**leningrad**
5 concerts with the leningrad philharmonic orchestra

6 january 1927/**munich prinzregententheater**
wagner parsifal

9 january 1927/**munich prinzregententheater**
wagner parsifal

8 march 1927/**leipzig gewandhaus**
gewandhaus-orchester
mozart symphony 41/wagner arias from meistersinger
and lohengrin/beethoven symphony 2
heinrich knote

12 march 1927/**magdeburg fürstenhof**
berliner philharmonisches orchester

18 april 1927/**munich prinzregententheater**
wagner parsifal

21 april 1927/**munich nationaltheater**
wolf-ferrari das himmelskleid
elisabeth feuge (fürstin)
luise willer (mondfee)
fritz krauss (prinz)
karl seydel (kanzler)
erich zimmermann (fürst pippin)

13 may 1927/**dessau friedrich-theater**
hofkapelle dessau
beethoven symphony 9
concert marking centenary of beethoven's death

26 july 1927/**munich prinzregententheater**
wagner die meistersinger von nürnberg

28 july 1927/**munich prinzregententheater**
wagner parsifal

30 july 1927/**munich residenztheater**
mozart die zauberflöte

2 august 1927/**munich residenztheater**
mozart don giovanni

3 august 1927/**munich prinzregententheater**
wagner parsifal

6 august 1927/**munich prinzregententheater**
wagner das rheingold

7 august 1927/**munich prinzregententheater**
wagner die walküre

9 august 1927/**munich prinzregententheater**
wagner siegfried

11 august 1927/**munich prinzregententheater**
wagner götterdämmerung

13 august 1927/**munich residenztheater**
mozart die entführung aus dem serail

14 august 1927/**munich prinzregententheater**
wagner die meistersinger von nürnberg

15 august 1927/**munich prinzregententheater**
wagner parsifal

16 august 1927/**munich residenztheater**
mozart le nozze di figaro

20 august 1927/**munich residenztheater**
mozart don giovanni

21 august 1927/**munich prinzregententheater**
wagner parsifal

23 august 1927/**munich prinzregententheater**
wagner tristan und isolde

26 august 1927/**munich prinzregententheater**
wagner die meistersinger von nürnberg

11 november 1927/**munich nationaltheater**
puccini turandot
elisabeth ohms (turandot)
fritz krauss (calaf)

14 november 1927/**munich odeonssaal**
bayerisches staatsorchester
<u>programme included</u>
casella partita

27 november 1927/**munich odeonssaal**
bayerisches staatsorchester
<u>programme included</u>
hindemith concerto for orchestra

5 december 1927/**munich odeonssaal**
bayerisches staatsorchester
<u>programme included</u>
stravinsky le sacre du printemps

6 january 1928/**munich prinzregententheater**
wagner parsifal

28 january 1928/**magdeburg fürstenhof**
berliner philharmonisches orchester

9 april 1928/**munich prinzregententheater**
wagner parsifal

24 june 1928/**munich nationaltheater**
wagner die meistersinger von nürnberg
elisabeth feuge (eva)
luise willer (magdalene)
fritz krauss (stolzing)
karl seydel (david)
wilhelm rode (sachs)
paul bender (pogner)
georg hann (kothner)
walter ries (beckmesser)

26 july 1928/**munich prinzregententheater**
wagner die meistersinger von nürnberg

28 july 1928/**munich prinzregententheater**
wagner parsifal

1 august 1928/**munich prinzregententheater**
wagner tristan und isolde

6 august 1928/**munich prinzregententheater**
wagner parsifal

8 august 1928/**munich prinzregententheater**
wagner das rheingold

10 august 1928/**munich prinzregententheater**
wagner die walküre

12 august 1929/**munich prinzregententheater**
wagner siegfried

14 august 1928/**munich prinzregententheater**
wagner götterdämmerung

27 august 1928/**munich prinzregententheater**
wagner parsifal

31 august 1928/**munich prinzregententheater**
wagner die meistersinger von nürnberg

8 october 1928/**munich nationaltheater**
performance for 150 years of the nationaltheater
strauss die ägyptische helena
elisabeth ohms (helena)
hildegard ranczak (aithra)
hedwig fichtmüller (allwissende muschel)
fritz fitzau (menelaus)
julius patzak (da-ud)
hans hermann nissen (altair)

26 november 1928/**munich odeonssaal**
bayerisches staatsorchester
<u>programme included</u>
honegger pacific 231

1929/**leningrad**
concerts with the leningrad philharmonic orchestra

28 january 1929/**munich odeonsaal**
bayerisches staatsorchester
chor der bayrischen staatsoper
beethoven symphony 9

4 february 1929/**munich nationaltheater**
wagner der fliegende holländer

25 february 1929/**munich odeonssaal**
bayerisches staatsorchester
reger böcklin-suite/dvorak cello concerto/berlioz
carnaval romain overture
emanuel feuermann

14 march 1929/**munich nationaltheater**
weinberger schwanda der dudelsackpfeifer

30 march 1929/**munich prinzregententheater**
wagner parsifal

1 april 1929/**munich prinzregententheater**
wagner parsifal

23 july 1929/**munich prinzregententheater**
wagner die meistersinger von nürnberg

28 july 1929/**munich prinzregententheater**
wagner parsifal
elisabeth ohms (kundry)
fritz fitzau (parsifal)
paul bender (gurnemanz)

8 august 1929/**munich prinzregententheater**
wagner das rheingold

10 august 1929/**munich prinzregententheater**
wagner die walküre

12 august 1929/**munich prinzregententheater**
wagner siegfried

14 august 1929/**munich prinzregententheater**
wagner götterdämmerung

18 august 1929/**munich prinzregententheater**
wagner parsifal

25 august 1929/**munich prinzregententheater**
wagner parsifal

29 august 1929/**salzburg festspielhaus**
wiener philharmoniker
mozart eine kleine nachtmusik/falla noches en los jardines de espana/franckenstein tanz-suite/beethoven symphony 3
magda tagliaferro

31 august 1929/**munich prinzregententheater**
wagner parsifal

26 september 1929/**munich nationaltheater**
wagner die meistersinger von nürnberg
anita oberländer (eva)
hedwig fichtmüller (magdalene)
adolf fischer (stolzing)
karl seydel (david)
hans hermann nissen (sachs)
berthold sterneck (pogner)
georg hann (kothner)
josef geis (beckmesser)

21 december 1929/**munich nationaltheater**
coates samuel pepys

1930/leningrad
concerts with the leningrad philharmonic orchestra

22 march 1930/**magdeburg fürstenhof**
berliner philharmonisches orchester

21 july 1930/**munich prinzregententheater**
wagner die meistersinger von nürnberg

26 july 1930/**munich prinzregententheater**
wagner parsifal

2 august 1930/**salzburg mozarteum**
wiener philharmoniker
beethoven symphony 2/beethoven piano concerto 5/
mozart symphony 41
alfred baller

4 august 1930/**munich prinzregententheater**
wagner parsifal

7 august 1930/**munich prinzregententheater**
wagner das rheingold

9 august 1930/**munich prinzregententheater**
wagner die walküre

11 august 1930/**munich prinzregententheater**
wagner siegfried

14 august 1930/**munich prinzregententheater**
wagner götterdämmerung

16 august 1930/**munich prinzregententheater**
wagner parsifal

18 august 1930/**munich prinzregententheater**
wagner die meistersinger von nürnberg

19 august 1930/**munich prinzregententheater**
wagner der fliegende holländer

23 august 1930/**munich prinzregententheater**
wagner parsifal

25 august 1930/**munich prinzregententheater**
wagner die meistersinger von nürnberg

30 august 1930/**munich prinzregententheater**
strauss der rosenkavalier
felicie hüni-mihacsek (marschallin)
maria nezadal (octavian)
martel schellenberg (sophie)
berthold sterneck (ochs)
georg hann (faninal)
josef janko (sänger)

17 november 1930/**munich odeonssaal**
bayerisches staatsorchester
<u>programme included</u>
bartok dance suite

1931/**stuttgart liederhalle**
landesorchester stuttgart

10 january 1931/**den haag gebouw voor kunsten en wetenschappen**
opera performance with residentieorkest
strauss salome
hildegard ranczak (salome)
marie schulz-dornburg (herodias)
erik wirl (herodes)
jean stern (jochanaan)
ludwig roffmann (narraboth)

28 february 1931/**munich nationaltheater**
weinberger die geliebte stimme

4 april 1931/**munich prinzregententheater**
wagner parsifal

6 april 1931/**munich prinzregententheater**
wagner parsifal

7 april 1931/**munich nationaltheater**
strauss salome
hildegard ranczak (salome)
heinrich knote (herodes)
wilhelm rode (jochanaan)
julius patzak (narraboth)

15 june 1931/**munich residenztheater**
mozart idomeneo
elisabeth feuge (ilia)
hildegard ranczak (elettra)
fritz krauss (idomeneo)
sabine offermann (idamante)
julius patzak (high priest)
andreas leopold (arbace)

19 june 1931/**munich residenztheater**
mozart idomeneo
cast as for 15 june 1931

18 july 1931/**munich prinzregententheater**
wagner die meistersinger von nürnberg

20 july 1931/**munich prinzregententheater**
wagner das rheingold

21 july 1931/**munich prinzregententheater**
wagner die walküre

23 july 1931/**munich prinzregententheater**
wagner siegfried

24 july 1931/**munich residenztheater**
mozart idomeneo
cast as for 15 june 1931

25 july 1931/**munich prinzregententheater**
wagner götterdämmerung

27 july 1931/**munich prinzregententheater**
wagner parsifal

3 august 1931/**munich prinzregententheater**
wagner tristan und isolde

5 august 1931/**munich prinzregententheater**
wagner parsifal

7 august 1931/**munich prinzregententheater**
wagner das rheingold

8 august 1931/**munich prinzregententheater**
wagner die walküre

10 august 1931/**munich prinzregententheater**
wagner siegfried

12 august 1931/**munich prinzregententheater**
wagner götterdämmerung

17 august 1931/**munich prinzregententheater**
wagner parsifal

19 august 1931/**munich prinzregententheater**
wagner die meistersinger von nürnberg

12 november 1931/**munich nationaltheater**
pfitzner das herz

26 november 1931/**munich tonhalle**
münchner philharmoniker
bruckner symphony 8

14 january 1932/**vienna musikverein**
wiener symphoniker
weinberger die geliebte stimme overture/haydn symphony 95/
beethoven piano concerto 4/strauss ein heldenleben
friedrich wührer

12 march 1932/**elberfeld stadthalle am johannisberg**
städtisches orchester charity concert

26 march 1932/**munich prinzregententheater**
wagner parsifal

28 march 1932/**munich prinzregententheater**
wagner parsifal

18 july 1932/**munich prinzregententheater**
wagner die meistersinger von nürnberg

20 july 1932/**munich prinzregententheater**
wagner das rheingold

22 july 1932/**munich prinzregententheater**
wagner die walküre

24 july 1932/**munich prinzregententheater**
wagner siegfried

26 july 1932/**munich prinzregententheater**
wagner götterdämmerung

30 july 1932/**munich prinzregententheater**
wagner parsifal

3 august 1932/**munich prinzregententheater**
wagner tristan und isolde

6 august 1932/**munich prinzregententheater**
wagner parsifal

8 august 1932/**munich prinzregententheater**
wagner das rheingold

10 august 1932/**munich prinzregententheater**
wagner die walküre

12 august 1932/**munich prinzregententheater**
wagner siegfried

14 august 1932/**munich prinzregententheater**
wagner götterdämmerung

20 august 1932/**munich prinzregententheater**
wagner parsifal

21 august 1932/**munich prinzregententheater**
wagner die meistersinger von nürnberg

26 october 1932/**munich tonhalle**
münchner philharmoniker
lehrergesangverein
hausegger programme
wieland der schmied/natur-symphonie

5 february 1933/**munich nationaltheater**
zeller der vogelhändler

2 april 1933/**munich prinzregententheater**
wagner parsifal

17 april 1933/**munich prinzregententheater**
wagner parsifal

20 april 1933/**munich nationaltheater**
wagner lohengrin
elisabeth feuge (elsa)
sabine offermann (ortrud)
kurt rodeck (lohengrin)
hans hermann nissen (telramund)
georg hann (heinrich)

23 april 1933/**munich nationaltheater**
performance marking 50 years since wagner's death
wagner die meistersinger von nürnberg

26 july 1933/**munich prinzregententheater**
wagner tristan und isolde

28 july 1933/**munich prinzregententheater**
wagner die meistersinger von nürnberg

30 july 1933/**munich prinzregententheater**
wagner das rheingold

1 august 1933/**munich prinzregententheater**
wagner die walküre

3 august 1933/**munich prinzregententheater**
wagner siegfried

5 august 1933/**munich prinzregententheater**
wagner götterdammerung

7 august 1933/**munich prinzregententheater**
wagner parsifal

20 august 1933/**munich prinzregententheater**
wagner das rheingold

22 august 1933/**munich prinzregententheater**
wagner die walküre

24 august 1933/**munich prinzregententheater**
wagner siegfried

26 august 1933/**munich prinzregententheater**
wagner götterdämmerung

28 august 1933/**munich prinzregententheater**
wagner parsifal

23 november 1933/**munich nationaltheater**
strauss arabella
felicie hüni-mihacsek (arabella)
hildegard ranczak (zdenka)
hedwig fichtmüller (adelaide)
anny van kruyswyk (fiakermilli)
rudolf gerlach (matteo)
josef rühr (mandryka)
berthold sterneck (waldner)

1 december 1933/**dresden semperoper**
sächsische staatskapelle
brahms symphony 4/beethoven symphony 3

5 december 1933/**munich tonhalle**
münchner philharmoniker
wagner tannhäuser overture/schumann piano concerto/
orchestral songs by strauss and wolf/beethoven symphony 3
emmy braun
hans hermann nissen

1934/**stuttgart liederhalle**
landesorchester stuttgart

11 january 1934/**barcelona teatro del liceo**
wagner tristan und isolde
ella von nemethy (isolde)
magda stark (brangäne)
gotthelf pistor (tristan)
georg hann (kurwenal)
ludwig weber (marke)
eduard habich (melot)

14 january 1934/**barcelona teatro del liceo**
wagner tristan und isolde

20 january 1934/**barcelona teatro del liceo**
wagner tristan und isolde

24 january 1934/**barcelona teatro del liceo**
wagner tannhäuser
margarete teschemacher (elisabeth)
ella von nemethy (venus)
gotthelf pistor (tannhäuser)
georg hann (wolfram)
ludwig weber (landgraf)
eduard habich (biterolf)

27 january 1934/**barcelona teatro del liceo**
wagner parsifal
ella von nemethy (kundry)
rené maison (parsifal)
georg hann (amfortas)
ludwig weber (gurnemanz)
eduard habich (klingsor)

28 january 1934/**barcelona teatro del liceo**
wagner tannhäuser

1 february 1934/**barcelona teatro del liceo**
wagner parsifal

3 february 1934/**barcelona teatro del liceo**
wagner parsifal

4 february 1934/**barcelona teatro del liceo**
wagner parsifal

5 february 1934/**barcelona teatro del liceo**
orquesta del teatro del liceo
beethoven symphony no 3/mozart eine kleine nachtmusik/
wagner tannhäuser overture/der fliegende holländer
overture/siegfried's rhine journey/meistersinger overture

3 march 1934/**munich nationaltheater**
puccini la fanciulla del west

5 march 1934/**leipzig gewandhaus**
gewandhausorchester
brahms symphony 3/wagner tristan prelude and liebestod/
wagner siegfried's rhine journey/wagner tannhäuser overture

31 march 1934/**munich prinzregententheater**
wagner parsifal

2 april 1934/**munich prinzregententheater**
wagner parsifal

9 july 1934/**munich prinzregententheater**
wagner die meistersinger von nürnberg

12 july 1934/**munich prinzregententheater**
wagner parsifal

14 july 1934/**munich prinzregententheater**
wagner tristan und isolde

21 july 1934/**munich prinzregententheater**
wagner parsifal

22 july 1934/**munich prinzregententheater**
wagner das rheingold

24 july 1934/**munich prinzregententheater**
wagner die walküre

26 july 1934/**munich prinzregententheater**
wagner siegfried

28 july 1934/**munich prinzregententheater**
wagner götterdämmerung

3 august 1934/**munich prinzregententheater**
wagner parsifal

6 august 1934/**munich prinzregententheater**
wagner tristan und isolde

9 august 1934/**munich prinzregententheater**
wagner das rheingold

11 august 1934/**munich prinzregententheater**
wagner die walküre

14 august 1934/**munich prinzregententheater**
wagner siegfried

16 august 1934/**munich prinzregententheater**
wagner götterdämmerung

18 august 1934/**munich prinzregententheater**
wagner parsifal

20 august 1934/**munich prinzregententheater**
wagner die meistersinger von nürnberg

29 october 1934/**munich nationaltheater**
wagner die walküre
ylarda wessely (brünnhilde)
cäcilie reich (sieglinde)
maria olczewska (fricka)
kurt rodeck (siegmund)
hans hermann nissen (wotan)
ludwig weber (hunding)

17-18 november 1934/**vienna musikverein**
wiener symphoniker
bruckner symphony 4/tchaikovsky symphony 6

1 december 1934/**den haag gebouw voor kunsten en wetenschappen**
opera performance with residentieorkest
mozart le nozze di figaro
elisabeth feuge (contessa)
lotte schöne (susanna)
irene eisinger (cherubino)
ilse tronau (marcellina)
hans hermann nissen (conte)
heinrich rehkemper (figaro)
walter ries (bartolo)

16 december 1934/**munich nationaltheater**
wagner siegfried

22 december 1934/**munich nationaltheater**
verdi macbeth

20 april 1935/**munich prinzregententheater**
wagner parsifal

22 april 1935/**munich prinzregententheater**
wagner parsifal

4 july 1935/**munich prinzregententheater**
wagner die meistersinger von nürnberg

28 july 1935/**munich prinzregententheater**
wagner parsifal

30 july 1935/**munich prinzregententheater**
wagner tristan und isolde

3 august 1935/**munich prinzregententheater**
wagner parsifal

7 august 1935/**munich prinzregententheater**
wagner das rheingold

8 august 1935/**munich prinzregententheater**
wagner die walküre

10 august 1935/**munich prinzregententheater**
wagner siegfried

12 august 1935/**munich prinzregententheater**
wagner götterdämmerung

14 august 1935/**munich prinzregententheater**
wagner parsifal

23 august 1935/**munich prinzregententheater**
wagner tristan und isolde

25 august 1935/**munich prinzregententheater**
wagner parsifal

27 august 1935/**munich prinzregententheatetr**
wagner die meistersinger von nürnberg

5 october 1935/**munich nationaltheater**
wagner tannhäuser

11 october 1935/**stuttgart liederhalle**
landesorchester stuttgart

21 october 1935/**munich odeonssaal**
bayerisches staatsorchester
programme included
beethoven piano concerto 5

18 november 1935/**munich odeonssaal**
bayerisches staatsorchester
mozart programme
divertimento 17/6 dances k509/symphony 41

23 november 1935/**munich odeonssaal**
bayerisches staatsorchester
an evening of waltzes and marches

24 november 1935/**munich nationaltheater**
wagner die walküre
hanna kerll (brünnhilde)
cäcilie reich (sieglinde)
maria olczewska (fricka)
carl hartmann (siegmund)
hans hermann nissen (wotan)
ludwig weber (hunding)

december 1935/**munich prinzregententheater**
wagner siegfried

25 march 1936/**barcelona teatro del liceo**
orquesta del teatro del liceo
weber oberon overture/strauss don juan/mozart eine kleine nachtmusik/wagner tannhäuser overture/tristan prelude and liebestod/parsifal prelude/meistersinger overture

8 april 1936/**vienna konzerthaus**
wiener symphoniker
bach matthäus-passion

15 april 1936/**vienna staatsoper**
wagner das rheingold
anny konetzni (fricka)
enid szantho (erda)
gunnar graarud (loge)
hermann wiedemann (alberich)

16 april 1936/**vienna staatsoper**
wagner die walküre
anny konetzni (brünnhilde)
lotte lehmann (sieglinde)
josef kalenberg (siegmund)
walter grossmann (wotan)
alfred jerger (hunding)

18 april 1936/**vienna staatsoper**
wagner siegfried
anny konetzni (brünnhilde)
enid szantho (erda)
josef kalenberg (siegfried)
erich zimmermann (mime)
emil schipper (wanderer)

22 april 1936/**vienna staatsoper**
strauss der rosenkavalier
lotte lehmann (marschallin)
eva hadrabova (octavian)
elisabeth schumann (sophie)
berthold sterneck (ochs)
viktor madin (faninal)
koloman von pataky (sänger)

26 april 1936/**vienna staatsoper**
wagner götterdämmerung
anny konetzni (brünnhilde)
josef kalenberg (siegfried)
emil schipper (gunther)
julius gudmann (hagen)

13 september 1936/**vienna staatsoper**
wagner tannhäuser
max lorenz (tannhäuser)

14 september 1936/**vienna staatsoper**
strauss der rosenkavalier
anny konetzni (marschallin)
ella flesch (octavian)
elisabeth schumann (sophie)
berthold sterneck (ochs)

30 september 1936/**vienna staatsoper**
strauss elektra
rose pauly (elektra)
emil schipper (orest)

8 october 1936/**vienna staatsoper**
wagner lohengrin
luise helletsgruber (elsa)
anny konetzni (ortrud)
torsten ralf (lohengrin)
ludwig hofmann (telramund)
emil schipper (könig heinrich)

19 october 1936/**vienna staatsoper**
wagner die meistersinger von nürnberg
vera mansinger (eva)
kirsten thorborg (magdalene)
josef kalenberg (stolzing)
richard sallaba (david)
ludwig hofmann (sachs)
herbert alsen (pogner)
hermann wiedemann (beckmesser)

19 december 1936/**vienna staatsoper**
wagner lohengrin
margarete teschemacher (elsa)
anny konetzni (ortrud)
paul kötter (lohengrin)
herbert alsen (könig heinrich)

11 january 1937/**london royal opera house**
strauss salome
hildegard ranczak (salome)
sabine kalter (herodias)
gunnar graarud (herodes)
paul schöffler (jochanaan)
ben williams (narraboth)

15 january 1937/**london royal opera house**
strauss salome
cast as for 11 january 1931

20 january 1937/**london royal opera house**
strauss salome
else schulz (salome)
sabine kalter (herodias)
gunnar graarud (herodes)
paul schöffler (jochanaan)
ben williams (narraboth)

24 january 1937/**vienna staatsoper**
wagner götterdämmerung
anny konetzni (brünnhilde)
max lorenz (siegfried)
jaro prohaska (gunther)
fred destal (hagen)

february 1937/**vienna staatsoper**
beethoven fidelio
max lorenz (florestan)
anton dermota (jacquino)

4 march 1937/**vienna konzerthaus**
wiener symphoniker
glinka russlan and ludmilla overture/rachmaninov piano concerto 2/strauss eine alpensinfonie
henry jackson

13-14 march 1937/**vienna musikverein**
wiener philharmoniker
brahms symphony 3/zedorf tanz/beethoven symphony 1

15 march 1937/**vienna konzerthaus**
wiener philharmoniker
chor der wiener staatsoper
bach matthäus-passion
luise helletsgruber
rosette anday
anton dermota
hans duhan
herbert alsen

19 march 1937/**vienna staatsoper**
wolf-ferrari i gioielli della madonna
margit bokor (maliella)
luise helletsgruber (stella)
kerstin thorborg (carmela)
norbert ardelli (gennaro)
georg maikl (ciccillo)
alfred jerger (raffaele)

10 june 1937/**vienna staatsoper**
wagner das rheingold
enid szantho (erda)
ludwig hofmann (wotan)

12 june 1937/**vienna staatsoper**
wagner die walküre
anny konetzni (brünnhilde)
ludwig hofmann (wotan)

13 june 1937/**vienna staatsoper**
strauss der rosenkavalier
hilde konetzni (marschallin)
margit bokor (octavian)
elisabeth schumann (sophie)
hermann wiedemann (ochs)

16 june 1937/**vienna staatsoper**
wagner siegfried
anny konetzni (brünnhilde)
elisabeth schumann (waldvogel)
enid szantho (erda)
max lorenz (siegfried)
ludwig hofmann (wanderer)
william wernigk (mime)
nikolaus zec (fafner)

19 june 1937/**vienna staatsoper**
wagner götterdämmerung
anny konetzni (brünnhilde)
wanda achsel (gutrune)
enid szantho (waltraute)
max lorenz (siegfried)
felix prohaska (gunther)
alexander kipnis (hagen)

27 july 1937/**salzburg festspielhaus**
strauss der rosenkavalier
lotte lehmann (marschallin)
jarmila novotna (octavian)
esther rethy (sophie)
fritz krenn (ochs)
hermann wiedemann (faninal)
emmerich von godin (sänger)

28 july 1937/**salzburg mozarteum**
wiener philharmoniker
<u>beethoven programme</u>
symphony 4/symphony 7

4 august 1937/**salzburg mozarteum**
wiener philharmoniker
<u>strauss programme</u>
don juan/till eulenspiegel/also sprach zarathustra

6 august 1937/**salzburg festspielhaus**
strauss der rosenkavalier
hilde konetzni (marschallin)
margit bokor (octavian)
elisabeth schumann (sophie)
fritz krenn (ochs)
hermann wiedemann (faninal)
emmerich von godin (sänger)

8 august 1937/**salzburg festspielhaus**
strauss elektra
rose pauly (eleltra)
hilde konetzni (chrysothemis)
rosette anday (klytemnestra)
georg maikl (aegisth)
alfred jerger (orest)

22 august 1937/**salzburg festspielhaus**
strauss elektra
cast as for 8 august 1937

24 august 1937/**salzburg festspielhaus**
strauss der rosenkavalier
cast as for 27 july 1937

27 october 1937/**vienna funkhaus**
radio concert for ravag
wiener philharmoniker

1 november 1937/**vienna staatsoper**
wagner parsifal
elena nikolaidi (stimme von oben)
fred destal (amfortas)
herbert alsen (gurnemanz)
nikolaus zec (titurel)

19 november 1937/**vienna staatsoper**
strauss der rosenkavalier
anny konetzni (marschallin)
margit bokor (octavian)
adele kern (sophie)
fritz krenn (ochs)
hermann wiedemann (faninal)
georg maikl (sänger)

20 november 1937/**vienna staatsoper**
wagner tannhäuser
maria reining (elisabeth)
anny konetzni (venus)
max lorenz (tannhäuser)
arno schellenberg (wolfram)
herbert alsen (landgraf)

21 december 1937/**antwerp koninklijke vlaamse opera**
strauss salome
mimi jost-arden (salome)

2 january 1938/**dresden gewerbehaus**
dresdner philharmonie
<u>beethoven programme</u>
egmont overture/symphony 8/symphony 2

3 march 1938/**vienna staatsoper**
wagner lohengrin
maria reining (elsa)
piroska tutsek (ortrud)
set svanholm (lohengrin)
herbert janssen (telramund)
herbert alsen (könig heinrich)

5-6 march 1938/**vienna musikverein**
wiener philharmoniker
respighi second suite from ancient airs and dances/mozart symphony 29/beethoven leonore 3 overture/beethoven symphony 2

6 march 1938/**vienna staatsoper**
wagner die walküre
set svanholm (siegmund)

12 march 1938/**vienna staatsoper**
wagner tristan und isolde

17 march 1938/**vienna staatsoper**
beethoven fidelio
anny konetzni (leonore)
josef kalenberg (florestan)

21 march 1938/**vienna musikverein**
wiener philharmoniker
bach brandenburg concerto 3/bruckner symphony 8

27 march 1938/**vienna staatsoper**
beethoven fidelio
hilde konetzni (leonore)
max lorenz (florestan)

10 april 1938/**vienna funkhaus**
radio concert for ravag
wiener philharmoniker

15 april 1938/**vienna konzerthaus**
wiener philharmoniker
chor der wiener staatsoper
bach matthäus-passion
luise helletsgruber
enid szantho
anton dermota
hans duhan
herbert alsen

7-8 may 1938/**vienna musikverein**
wiener philharmoniker
pfitzner scherzo for orchestra/mozart symphony 41/
strauss sinfonia domestica

16 may 1938/**vienna staatsoper**
mozart die zauberflöte
luise helletsgruber (pamina)
anton dermota (tamino)

1 june 1938/**vienna universität**
wiener philharmoniker
mozart divertimento 15/strauss wind serenade

15 july 1938/**ludwigshafen feierabendhaus**
wiener philharmoniker
schubert symphony 8/strauss don juan/beethoven symphony 7

16 july 1938/**ludwigshafen hindenburgpark**
wiener philharmoniker
weber oberon overture/schubert symphony 8/wagner
tannhäuser overture/beethoven symphony 8

17 july 1938/**kaiserslautern festsaal der städtischen fruchthalle**
wiener philharmoniker
nicolai lustigen weiber von windsor overture/schubert
symphony 8/strauss till eulenspiegel

17 july 1938/**saarbrücken wartburgsaal**
wiener philharmoniker
nicolai lustigen weiber von windsor overture/schubert
symphony 8/mozart 3 german dances/strauss till eulenspiegel

27 july 1938/**salzburg mozarteum**
wiener philharmoniker
brahms symphony 3/beethoven symphony 3

29 july 1938/**salzburg festspielhaus**
wagner tannhäuser
maria reining (elisabeth)
piroska tutsek (venus)
set svanholm (tannhäuser)
alexander sved (wolfram)
herbert alsen (landgraf)

30 july 1938/**salzburg festspielhaus**
beethoven fidelio
hilde konetzni (leonore)
luise helletsgruber (marzelline)
helge roswaenge (florestan)
richard sallaba (jacquino)
josef von manowarda (rocco)
paul schöffler (pizarro)
carl bissuti (fernando)

1 august 1938/**salzburg festspielhaus**
mozart le nozze di figaro
maria cebotari (contessa)
esther rethy (susanna)
marta rohs (cherubino)
angelica cravcenco (marcellina)
mariano stabile (conte)
ezio pinza (figaro)
virgilio lazzari (bartolo)

4 august 1938/**salzburg festspielhaus**
wagner tannhäuser
cast as for 29 july 1938

8 august 1938/**salzburg festspielhaus**
beethoven fidelio
gertrud rünger (leonore)
luise helletsgruber (marzelline)
helge roswaenge (florestan)
richard sallaba (jacquino)
josef von manowarda (rocco)
paul schöffler (pizarro)
carl bissuti (fernando)

11 august 1938/**salzburg festspielhaus**
mozart le nozze di figaro
cast as for 1 august 1938

14 august 1939/**bad gastein kursaal**
wiener philharmoniker
haydn symphony 95/mozart sinfonia concertante/
beethoven symphony 8
wolfgang schneiderhan
ernst morawec

16 august 1938/**salzburg festspielhaus**
wagner tannhäuser
hilde konetzni (elisabeth)
piroska tutsek (venus)
set svanholm (tannhäuser)
alexander sved (wolfram)
herbert alsen (landgraf)

20 august 1938/**salzburg festspielhaus**
beethoven fidelio
cast as for 30 july 1938

24 august 1938/**salzburg festspielhaus**
wiener philharmoniker
chor der wiener staatsoper
beethoven symphony 9
esther rethy
piroska tutsek
helge roswaenge
herbert alsen

25 august 1938/**salzburg festspielhaus**
mozart le nozze di figaro
cast as for 1 august 1938

26 august 1938/**salzburg festspielhaus**
wagner tannhäuser
cast as for 16 august 1938

31 august 1938/**salzburg festspielhaus**
beethoven fidelio
cast as for 30 july 1938

september 1938/**vienna staatsoper**
maillart das glöckchen des eremiten
strauss salome
j.strauss die fledermaus

2 september 1938/**vienna staatsoper**
mozart die zauberflöte

19 september 1938/**vienna staatsoper**
wagner die walküre
gertrud rünger (brünnhilde)
hilde konetzni (sieglinde)
julius pölzer (siegmund)

25 september 1938/**vienna staatsoper**
wagner götterdämmerung
gertrud rünger (brünnhilde)
julius pölzer (siegfried)

october 1938/**vienna staatsoper**
strauss salome
elsa schulz (salome)

october 1938/**vienna staatsoper**
humperdinck königskinder

27 october 1938/**vienna staatsoper**
d'albert tiefland

2 december 1939/**berlin philharmonie**
berliner philharmonisches orchester
<u>beethoven programme</u>
egmont overture/violin concerto/symphony 3
erich röhn

17-18 december 1938/**brussels palais des beaux arts**
orchestre national de belgique
schubert overture in the italian style/handel harp concerto/
mozart flute and harp concerto/brahms symphony 3
rené leroy
ana ruata sassoli

25-26 february 1939/**vienna musikverein**
wiener philharmoniker
beethoven symphony 4/schubert overture in the italian
style/dvorak symphony no 9

3 april 1939/**berlin philharmonie**
berliner philharmonisches orchester
pfitzner scherzo for orchestra/beethoven piano concerto 3/
brahms symphony 3
lubka kolessa

6 april 1939/**vienna staatsoper**
wagner parsifal
anny konetzni (kundry)
hans grahl (parsifal)
herbert alsen (gurnemanz)
hermann wiedemann (klingsor)

7 may 1939/**vienna musikverein**
wiener philharmoniker
mozart eine kleine nachtmusik/strauss till eulenspiegel/
beethoven symphony 7

3 august 1939/**salzburg festspielhaus**
weber der freischütz
tiana lemnitz (agathe)
elisabeth rutgers (ännchen)
franz völker (max)
paul schöffler (ottokar)
michael bohnen (kaspar)
herbert alsen (eremit)
willi franter (kilian)
carl bissuti (kuno)

6 august 1939/**salzburg festspielhaus**
wiener philharmoniker
chor der wiener staatsoper
beethoven symphony 9
esther rethy
piroska tutsek
anton dermota
herbert alsen

11 august 1939/**salzburg festspielhaus**
weber der freischütz
cast as for 3 august 1939

13 august 1939/**salzburg festspielhaus**
mozart le nozze di figaro
maria reining (contessa)
esther rethy (susanna)
marta rohs (cherubino)
angelica cravcenko (marcellina)
mariano stabile (conte)
ezio pinza (figaro)
virgilio lazzari (bartolo)

19 august 1939/**salzburg festspielhaus**
weber der freischütz
cast as for 3 august 1939

21 august 1939/**salzburg festspielhaus**
mozart le nozze di figaro
cast as for 13 august 1939

30 august 1939/**salzburg festspielhaus**
weber der freischütz
hilde konetzni (agathe)
elisabeth rutgers (ännchen)
franz völker (max)
paul schöffler (ottokar)
michael bohnen (kaspar)
herbert alsen (eremit)
willi franter (kilian)
carl bissuti (kuno)

31 august 1939/**salzburg festspielhaus**
mozart le nozze di figaro
cast as for 13 august 1939

24-25 october 1939/**vienna musikverein**
wiener philharmoniker
wiener singverein
bach orchestral suite 3/bach cantata 150/beethoven piano
concerto 5/beethoven symphony 1
friedrich wührer

11-12 november 1939/**vienna musikverein**
wiener philharmoniker
schubert symphony 6/jerger symphonic variations/
beethoven symphony 5

22 november 1939/**vienna musikverein**
wiener philharmoniker
brahms symphony 4/bruckner symphony 4

27 november 1939/**berlin philharmonie**
berliner philharmonisches orchester
wagner meistersinger overture/strauss excerpts from
der rosenkavalier *performed at a function for the reichsmusikkammer*

28 november 1939/**berlin philharmonie**
berliner philharmonisches orchester
beethoven symphony 2/mozart violin concerto 5/
strauss sinfonia domestica
wolfgang schneiderhan

december 1939/**vienna staatsoper**
wagner die meistersinger von nürnberg
esther rethy (eva)
anton dermota (david)

12 december 1939/**vienna staatsoper**
verdi otello
esther rethy (desdemona)
else schürhoff (emilia)
heinz kraayvanger (otello)
richard sallaba (cassio)
paul schöffler (iago)

16 december 1939/**cracow deutsches stadttheater**
wiener philharmoniker
bruckner symphony 4

17 december 1939/**cracow deutsches stadttheater**
wiener philharmoniker
nicolai lustigen weiber von windsor overture/schubert rosamunde ballet music/mozart 3 german dances/ j.strauss fledermaus overture/pizzicato polka/freut euch des lebens/donauweibchen

1940/**wuppertal-barmen stadttheater**
wagner die walküre

31 january 1940/**vienna musikverein**
wiener symphoniker
beethoven symphony 2/brahms symphony 2

7 february 1940/**berlin philharmonie**
berliner philharmonisches orchester
franckenstein tanz-suite/pfitzner violin concerto/
tchaikovsky symphony 5
max strub

17-18 february 1940/**vienna musikverein**
wiener philharmoniker
bach brandenburg concerto 3/bruckner symphony 7

18 february 1940/**vienna staatsoper**
wagner tannhäuser
hilde konetzni (elisabeth)
max lorenz (tannhäuser)
alfred poell (wolfram)
herbert alsen (landgraf)

22 february 1940/**essen städtische saalbau**
wiener philharmoniker
strauss tod und verklärung/beethoven symphony 5/
j.strauss an der schönen blauen donau/pizzicato polka

23 february 1940/**wuppertal stadthalle am johannisberg**
wiener philharmoniker
beethoven symphony 2/mozart eine kleine nachtmusik/
brahms symphony 3

24 february 1940/**düsseldorf städtische tonhalle**
wiener philharmoniker
beethoven symphony 2/mozart eine kleine nachtmusik/
tchaikovsky symphony 5/j.strauss an der schönen blauen donau

25 february 1940/**mainz ankertheater**
wiener philharmoniker
wagner meistersinger overture/mozart eine kleine nachtmusik/
j.strauss an der schönen blauen donau/freut euch des lebens/
pizzicato polka/leichtes blut

25 february 1940/**duisburg städtische tonhalle**
wiener philharmoniker
beethoven symphony 1/strauss don juan/brahms symphony 3

26 february 1940/**krefeld stadthalle**
wiener philharmoniker
beethoven egmont overture/mozart symphony 38/strauss
don juan/brahms symphony 3/j.strauss an der schönen
blauen donau

27 february 1940/**ludwigshafen feierabendhaus**
wiener philharmoniker
beethoven symphony 5/mozart eine kleine nachtmusik/
smetana moldau/wagner tannhäuser overture/j.strauss
an der schönen blauen donau

10 march 1940/**vienna musikverein**
wiener philharmoniker
respighi second suite from ancient airs and dances/mozart
eine kleine nachtmusik/brahms symphony 3

13 march 1940/**vienna staatsoper**
verdi aida
danica ilitsch (aida)
helge roswaenge (radames)
herbert alsen (ramfis)

19 march 1940/**vienna staatsoper**
wagner parsifal
anny konetzni (kundry)
josef witt (parsifal)
paul schöffler (amfortas)
herbert alsen (gurnemanz)

27 march 1940/**berlin philharmonie**
berliner philharmonisches orchester
respighi second suite of ancient airs and dances/mozart piano concerto 20/tchaikovsky symphony 6
wilhelm kempff

9 april 1940/**vienna staatsoper**
strauss elektra
gertrud rünger (elektra)
hilde konetzni (chrysothemis)
mela bugarinovic (klytemnestra)
heinz kraayvanger (aegisth)
marjan rus (orest)

12 april 1940/**berlin staatsoper**
wagner das rheingold

13 april 1940/**berlin staatsoper**
wagner die walküre

20 april 1940/**berlin staatsoper**
wagner siegfried

21-22 april 1940/**berlin philharmonie**
berliner philharmonisches orchester
bruno kittel chor
beethoven symphony 9
esther rethy
elisabeth höngen
rudolf dittrich
marjan rus

26 april 1940/**berlin philharmonie**
berliner philharmonisches orchester
mozart eine kleine nachtmusik/bruckner symphony 7

27 april 1940/**berlin staatsoper**
wagner götterdämmerung

8 may 1940/**vienna staatsoper**
wagner das rheingold
helena braun (fricka)
luise helletsgruber (freia)
marta rohs (erda)
karl kamann (wotan)
josef witt (loge)
anton dermota (froh)
josef von manowarda (fasolt)
herbert alsen (fafner)

12 may 1940/**vienna funkhaus**
radio concert for reichsrundfunk
wiener philharmoniker
mozart symphony 41/pfitzner scherzo for orchestra/
mozart eine kleine nachtmusik/wagner siegfried's
rhine journey/wagner tannhäuser overture

13 may 1940/**vienna staatsoper**
wagner die walküre
helena braun (brünnhilde)
maria müller (sieglinde)
piroska tutsek (fricka)
julius pölzer (siegmund)
karl kamann (wotan)
herbert alsen (hunding)

19 may 1940/**vienna staatsoper**
wagner der fliegende holländer
maria müller (senta)
alfred jerger (holländer)
adolf vogel (daland)

26 may 1940/**vienna musikverein**
wiener philharmoniker
reznicek donna diana overture/mozart 3 german dances/
schubert symphony 8/beethoven symphony 7

26 may 1940/**vienna staatsoper**
wagner götterdämmerung
frida leider (brünnhilde)
luise helletsgruber (gutrune)
mela bugarinovic (waltraute)
julius pölzer (siegfried)
karl kamann (gunther)
herbert alsen (hagen)

16 june 1940/**berlin staatsoper**
wagner die walküre

3 july 1940/**vienna musikverein**
wiener philharmoniker
verdi messa da requiem

13 july 1940/**salzburg festspielhaus**
wiener philharmoniker
beethoven leonore 3 overture/bruckner symphony 7

23 july 1940/**salzburg mozarteum**
wiener philharmoniker
respighi second suite from ancient airs and dances/
schumann piano concerto/beethoven symphony 7
emil von sauer

25-26 july 1940/**salzburg mozarteum**
wiener philharmoniker
suppé schöne galathea overture/j.strauss g'schichten aus dem wienerwald/leichtes blut/ägyptischer marsch/perpetuum mobile/pizzicato polka/komzak bad'ner mad'ln/heuberger opernball overture/lanner hofballtänze/ziehrer weaner mad'ln

27 july 1940/**salzburg festspielhaus**
wiener philharmoniker
wagner programme
faust overture/siegfried idyll/3 wesendonk-lieder/siegfried's rhine journey/tannhäuser overture
gertrud rünger

7 september 1940/**den haag gebouw voor kunsten en wetenschappen**
berliner philharmonisches orchester
programme included
mozart piano concerto in b flat
elly ney

9 september 1940/**utrecht**
berliner philharmonisches orchester
wagner rienzi overture/bruch violin concerto no 1/liszt les préludes/nicolai lustigen weiber overture/vocal works by weber and strauss/j.strauss pizzicato polka/fledermaus overture/kaiserwalzer
rosalind von schirach
siegfried borries

10 september 1940/**antwerp**
berliner philharmonisches orchester
rosalind von schirach
siegfried borries

11 september 1940/**liege**
berliner philharmonisches orchester
rosalind von schirach
siegfried borries

12 september 1940/**brussels palais des beaux arts**
berliner philharmonisches orchester
strauss/mozart/beethoven
rosalind von schirach
tibor de machula

13 september 1940/**brussels palais des beaux arts**
berliner philharmonisches orchester
wagner rienzi overture/liszt les préludes/nicolai lustigen weiber von windsor overture/arias by weber and strauss/ dvorak finale from cello concerto/j.strauss pizzicato polka/ die fledermaus overture/komzak bad'ner mad'ln
rosalind schirach
tibor de machula

14 september 1940/**ghent**
berliner philharmonisches orchester
rosalind von schirach
tibor de machula

15 september 1940/**bruges**
berliner philharmonisches orchester
rosalind von schirach
tibor de machula
according to dutch newspaper reports this tour was also planned to include concerts in ostende, lille, paris, versailles, fontainebleau, metz and strassburg; however, they are not listed in peter muck's chronology 100 jahre berliner philharmonisches orchester

1 october 1940/**vienna musikverein**
wiener philharmoniker
liszt les préludes
performed at opening ceremony of vienna herbstmesse

12-13 october 1940/**vienna musikverein**
wiener philharmoniker
bruckner symphony 8

15-16 october 1940/**den haag gebouw voor kunsten en wetenschappen**
guest performances by vienna staatsoper
mozart le nozze di figaro
maria reining (contessa)
elisabeth rutgers (susanna)
dora komarek (cherubino)
olga levko-antosch (marcellina)
alfred poell (conte)
paul schöffler (figaro)
franz normann (bartolo)

17 october 1940/**den haag gebouw voor kunsten en wetenschappen**
wiener philharmoniker
mozart eine kleine nachtmusik/schubert symphony 8/ beethoven symphony 2

19 october 1940/**amsterdam concertgebouw**
wiener philharmoniker
programme as for 17 october 1940

20 october 1940/**den haag gebouw voor kunsten en wetenschappen**
wiener philharmoniker
nicolai lustigen weiber von windsor overture/schubert rosamunde ballet music/j.strauss ägyptischer marsch/ annen polka/g'schichten aus dem wienerwald/leichtes blut/pizzicato polka/komzak bad'ner mad'ln

21 october 1940/**amsterdam concertgebouw**
wiener philharmoniker
programme as for 20 october 1940

30 october 1940/**berlin philharmonie**
berliner philharmonisches orchester
baussnern dem lande meiner kindheit/beethoven violin concerto/brahms symphony 3
wolfgang schneiderhan

9 november 1940/**vienna musikverein**
wiener philharmoniker
<u>wagner programme</u>
faust overture/3 wesendonk-lieder/siegfried's funeral march/siegfried idyll/tristan prelude and liebestod/ tannhäuser overture
gertrud rünger

16 november 1940/**berlin staatsoper**
wagner das rheingold

17 november 1940/**berlin staatsoper**
wagner die walküre

20 november 1940/**berlin staatsoper**
wagner siegfried

25 november 1940/**berlin staatsoper**
wagner götterdämmerung

7-8 december 1940/**vienna musikverein**
wiener philharmoniker
liszt mazeppa/smetana moldau/strauss sinfonia domestica

11 december 1940/**hamburg conventgarten**
berliner philharmonisches orchester

1941/**vienna staatsoper**
borodin prince igor
helena braun (jaroslawna)
paul schöffler (igor)

1941/**vienna staatsoper**
mozart don giovanni
helena braun (donna anna)
paul schöffler (giovanni)
adolf vogel (leporello)

3 january 1941/**berlin philharmonie**
berliner philharmonisches orchester
winkler erntefest overture/rachmaninov piano concerto 2/
bruckner symphony 4
emmy braun

4 january 1941/**berlin haus des rundfunks**
reichsrundfunk recording
berliner philharmonisches orchester
smetana moldau/liszt les préludes/nicolai lustigen
weiber overture

7 january 1941/**berlin philharmonie**
berliner philharmonisches orchester
strauss bürger als edelmann suite/mozart piano concerto 21/
dvorak symphony 9
elly ney

11 january 1941/**vienna musikverein**
wiener philharmoniker
<u>mozart programme for 150 years since his death</u>
les petits riens overture/arias/symphony 29/symphony 41
erika rokyta
willi boskovsky

14 january 1941/**vienna staatsoper**
strauss der rosenkavalier
anny konetzni (marschallin)
fritz krenn (ochs)

26 january 1941/**vienna musikverein**
wiener symphoniker
konzertvereingung wiener staatsopernchor
verdi messa da requiem
erika rokyta
else schürhoff
todor mazaroff
marjan rus

1 february 1941/**vienna staatsoper**
strauss salome
else schulz (salome)
else schürhoff (herodias)
josef witt (herodes)
paul schöffler (jochanaan)

11 february 1941/**stuttgart liederhalle**
wiener philharmoniker
weber oberon overture/schubert symphony 8/strauss
dance of the 7 veils from salome/bruckner symphony 4

13 february 1941/**düsseldorf städtische tonhalle**
wiener philharmoniker
smetana moldau/mozart 3 german dances/bruckner
symphony 4

14 february 1941/**wuppertal stadthalle am johannisberg**
wiener philharmoniker
nicolai lustigen weiber overture/mozart 3 german dances/
strauss dance of the 7 veils from salome/bruckner symphony 4

15 february 1941/**magdeburg fürstenhof**
wiener philharmoniker
weber oberon overture/smetana moldau/beethoven symphony 7

16 february 1941/**hannover stadthalle**
wiener philharmoniker
weber oberon overture/schubert symphony 8/bruckner symphony 4

17 february 1941/**hamburg conventgarten**
wiener philharmoniker
beethoven symphony 7/nicolai lustigen weiber von windsor overture/mozart 3 german dances/strauss dance of the 7 veils from salome

18 february 1941/**halle schützenhaus**
wiener philharmoniker
nicolai lustigen weiber von windsor overture/strauss dance of the 7 veils from salome/mozart 3 german dances/beethoven symphony 7

6 march 1941/**vienna staatsoper**
wagner die meistersinger von nürnberg
cäcilie reich (eva)
set svanholm (stolzing)
karl kamann (sachs)
herbert alsen (pogner)
hermann wiedemann (beckmesser)

9 march 1941/**vienna staatsoper**
wagner lohengrin
maria reining (elsa)
anny konetzni (ortrud)
set svanholm (lohengrin)
karl kronenberg (telramund)
rudolf feichtmayr (könig heinrich)

13 march 1941/**vienna konzerthaus**
wiener philharmoniker
konzertvereinigung wiener staatsopernchor
beethoven symphony 9
erika rokyta
else schürhoff
anton dermota
marjan rus

16 march 1941/**vienna staatsoper**
wagner die walküre
anny konetzni (brünnhilde)
hilde konetzni (sieglinde)
piroska tutsek (fricka)
julius pölzer (siegmund)
karl kamann (wotan)
josef von manowarda (hunding)

1 april 1941/**hamburg conventgarten**
berliner philharmonisches orchester

2 april 1941/**berlin philharmonie**
berliner philharmonisches orchester
gräner variationen über das volgalied/tchaikovsky piano concerto 1/beethoven symphony 7
julian von karolyi

3 april 1941/**braunschweig stadthalle**
berliner philharmonisches orchester

6 april 1941/**vienna staatsoper**
wagner lohengrin
margarete teschemacher (elsa)
margarete klose (ortrud)
carl hartmann (lohengrin)
karl kamann (telramund)
josef von manowarda (könig heinrich)

20 april 1941/**vienna funkhaus**
reichsrundfunk recording
wiener philharmoniker

15 may 1941/**stockholm konserthuset**
berliner philharmonisches orchester

17 may 1941/**helsinki**
berliner philharmonisches orchester

20 may 1941/**stockholm konserthuset**
berliner philharmonisches orchester

21 may 1941/**gothenburg**
berliner philharmonisches orchester

22 may 1941/**oslo**
berliner philharmonisches orchester

23 may 1941/**oslo**
berliner philharmonisches orchester

25 may 1941/**copenhagen**
berliner philharmonisches orchester

26 may 1941/**copenhagen**
berliner philharmonisches orchester

16 june 1941/**vienna staatsoper**
wagner die walküre
hilde konetzni (sieglinde)
set svanholm (siegmund)

18 june 1941/**vienna staatsoper**
weber der freischütz
set svanholm (max)
franz normann (kuno)
marjan rus (kaspar)

21 june 1941/**vienna staatsoper**
wagner siegfried
anny konetzni (brünnhilde)
adele kern (waldvogel)
mela bugarinovic (erda)
set svanholm (siegfried)
paul schöffler (wanderer)
herbert alsen (fafner)

27 june 1941/**vienna staatsoper**
wagner götterdämmerung
anny konetzni (brünnhilde)
set svanholm (siegfried)
paul schöffler (gunther)
herbert alsen (hagen)

4 august 1941/**salzburg festspielhaus**
strauss der rosenkavalier
anny konetzni (marschallin)
elisabeth rutgers (sophie)
marta rohs (octavian)
fritz krenn (ochs)
hermann wiedemann (faninal)
anton dermota (sänger)

8 august 1941/**salzburg festspielhaus**
mozart don giovanni
helena braun (anna)
hilde konetzni (elvira)
dora komarek (zerlina)
anton dermota (ottavio)
paul schöffler (giovanni)
fritz krenn (leporello)
herbert alsen (commendatore)

10 august 1941/**salzburg festspielhaus**
strauss der rosenkavalier
anny konetzni (marschallin)
elisabeth rutgers (sophie)
marta rohs (octavian)
fritz krenn (ochs)
viktor madin (faninal)
karl friedrich (sänger)

13 august 1941/**salzburg festspielhaus**
mozart don giovanni
cast as for 8 august 1941

15 august 1941/**salzburg festspielhaus**
strauss der rosenkavalier
anny konetzni (marschallin)
esther rethy (sophie)
marta rohs (octavian)
fritz krenn (ochs)
viktor madin (faninal)
karl friedrich (sänger)

18 august 1941 / **salzburg festspielhaus**
mozart don giovanni
helena braun (anna)
hilde konetzni (elvira)
elisabeth rutgers (zerlina)
anton dermota (ottavio)
paul schöffler (giovanni)
fritz krenn (leporello)
herbert alsen (commendatore)

21 august 1941 / **salzburg festspielhaus**
strauss der rosenkavalier
anny konetzni (marschallin)
esther rethy (sophie)
marta rohs (octavian)
fritz krenn (ochs)
viktor madin (faninal)
anton dermota (sänger)

22 august 1941 / **salzburg festspielhaus**
mozart don giovanni
cast as for 8 august 1941

24 august 1941 / **salzburg festspielhaus**
wiener philharmoniker
chor der wiener staatsoper
beethoven symphony 9
esther rethy
elena nikolaidi
anton dermota
herbert alsen

9 september 1941/**breslau**
berliner philharmonisches orchester

10 september 1941/**beuthen**
berliner philharmonisches orchestra

12 september 1941/**cracow**
berliner philharmonisches orchester

14 september 1941/**pressburg**
berliner philharmonisches orchester

17 september 1941/**agram**
berliner philharmonisches orchester

18 september 1941/**agram**
berliner philharmonisches orchester

19 september 1941/**agram**
berliner philharmonisches orchester

11-12 october 1941/**vienna musikverein**
commemoration concert for franz schalk
wiener philharmoniker
beethoven symphony 8/bruckner symphony 9

12 october 1941/**vienna staatsoper**
wagner siegfried
mela bugarinovic (erda)
joachim sattler (siegfried)
william wernigk (mime)
hans hotter (wanderer)

25-26 october 1941/**vienna musikverein**
nicolai-konzert
wiener philharmoniker
<u>beethoven programme</u>
symphony 3/symphony 5

28 october 1941/**berlin philharmonie**
berliner philharmonisches orchester
haydn symphony 94/nicolai lustigen weiber von windsor
overture/j.strauss frühlingsstimmen/komzak bad'ner mad'ln
irma beilke

29 october 1941/**berlin philharmonie**
berliner philharmonisches orchester
wagner siegfried idyll/haydn piano concerto in d/
beethoven symphony 3
ornella santoliquido

19 november 1941/**vienna musikverein**
reichsrundfunk recording
wiener philharmoniker
<u>mozart programme</u>
symphony 40/symphony 41

21 november 1941/**vienna staatsoper**
strauss elektra
gertrud rünger (elektra)
hilde konetzni (chrysothemis)

25 november 1941/**berlin philharmonie**
berliner philharmonisches orchester
gräner symphony/brahms violin concerto/strauss also
sprach zarathustra
erich röhn

30 november 1941/**vienna musikverein**
wiener philharmoniker
<u>mozart programme for 150 years since his death</u>
symphony 39/violin concerto 5/symphony 40
georg kulenkampff

4 december 1941/**vienna staatsoper**
mozart die zauberflöte
maria reining (pamina)
erna berger (königin der nacht)
josef von manowarda (sarastro)

20-21 december 1941/**vienna musikverein**
wiener philharmoniker
pfitzner symphony in c/dvorak symphonic variations/
brahms symphony 4

22-23 january 1942/**dresden semperoper**
sächsische staatskapelle dresden
dvorak symphonic variations/malipiero cello concerto/
schumann cello concerto/brahms symphony 3
enrico mainardi

27 january 1942/**berlin philharmonie**
berliner philharmonisches orchester
dvorak symphonic variations/beethoven piano
concerto 5/brahms symphony 1
eduard erdmann

21-22 february 1942/**vienna musikverein**
wiener philharmoniker
berlioz carnaval romain overture/haydn symphony 94/
bizet jeux d'enfants/strauss also sprach zarathustra

25-26 february 1942/**berlin philharmonie**
berliner philharmonisches orchester
bruno-kittel-chor
pfitzner von deutscher seele
erika rokyta
else schürhoff
josef witt
ludwig weber

15 march 1942/**wuppertal stadttheater**
wagner das rheingold

17 march 1942/**wuppertal stadttheater**
wagner die walküre

22 march 1942/**wuppertal stadttheater**
wagner siegfried

25 march 1942/**wuppertal stadttheater**
wagner götterdämmerung

31 march 1942/**berlin haus des rundfunks**
reichsrundfunk recording
orchester des deutschen opernhauses
chor des deutschen opernhauses
wagner parsifal act one prelude and act three complete
elsa larcen (kundry)
carl hartmann (parsifal)
hans reinmar (amfortas)
ludwig weber (gurnemanz)

5 april 1942/**berlin philharmonie**
berliner philharmonisches orchester
strauss till eulenspiegel/rossini wilhelm tell overture/
j.strauss g'schichten aus dem wienerwald/pizzicato
polka/leichtes blut/komzak bad'ner mad'ln

6 april 1942/**berlin philharmonie**
berliner philharmonisches orchester
nicolai lustigen weiber von windsor overture/mozart
eine kleine nachtmusik/sinigaglia piemontesischer tanz/
weber aufforderung zum tanz/j.strauss czardas from
ritter pasman/g'schichten aus dem wienerwald/
tritsch-tratsch polka/die fledermaus overture

9 april 1942/**vienna musikverein**
concert in wiener philharmoniker centenary season
wiener philharmoniker
brahms haydn variations/schumann piano concerto/
schubert symphony 8
emil von sauer

may 1942/**budapest opera house**
wagner das rheingold

may 1942/**budapest opera house**
wagner die walküre

may 1942/**budapest opera house**
wagner siegfried

may 1942/**budapest opera house**
wagner götterdämmerung

9 may 1942/**brussels palais des beaux arts**
orchestre national de belgique
mozart programme
idomeneo overture/sinfonia concertante/eine kleine
nachtmusik/symphony 41

5 september 1942/**cracow**
berliner philharmonisches orchester

6 september 1942/**cracow**
berliner philharmonisches orchester

8 september 1942/**pressburg**
berliner philharmonisches orchester

11 september 1942/**kronstadt**
berliner philharmonisches orchester

12 september 1942/**bucarest**
berliner philharmonisches orchester

13 september 1942/**bucarest**
berliner philharmonisches orchester

14 september 1942/**bucarest**
berliner philharmonisches orchester

17 september 1942/**sofia**
berliner philharmonisches orchester

18 september 1942/**sofia**
berliner philharmonisches orchester

19 september 1942/**sofia**
berliner philharmonisches orchester

20 september 1942/**sofia**
berliner philharmonisches orchester

22 september 1942/**belgrade national theatre**
berliner philharmonisches orchester

23 september 1942/**belgrade national theatre**
berliner philharmonisches orchester

25 september 1942/**agram**
berliner philharmonisches orchester

26 september 1942/**agram**
berliner philharmonisches orchester

28 september 1942/**budapest**
berliner philharmonisches orchester

30 september 1942/**budapest**
berliner philharmonisches orchester

14 october 1942/**berlin philharmonie**
berliner philharmonisches orchestra
pfitzner 3 palestrina preludes/brahms piano concerto 1/ beethoven symphony 3
wilhelm kempff

17 october 1942/**berlin philharmonie**
berliner philharmonisches orchester

6 november 1942/**dresden semperoper**
sächsische staatskapelle dresden
bach brandenburg concerto 3/paganini violin concerto 1/
brahms symphony 4
heinz stanska

10 november 1942/**vienna staatsoper**
wagner parsifal
helena braun (kundry)
max lorenz (parsifal)
hans hotter (amfortas)
adolf vogel (gurnemanz)

5-6 december 1942/**vienna musikverein**
wiener philharmoniker
strauss don quixote/mozart sinfonia concertante for wind/
brahms symphony 2

11 december 1942/**berlin philharmonie**
berliner philharmonisches orchester
berger legende vom prinzen eugen/schumann cello
concerto/brahms symphony 4
artur troester

16 december 1942/**vienna musikverein**
wiener symphoniker
bruckner symphony 8

20 december 1942/**wuppertal stadttheater**
wagner tannhäuser

20 january 1943/**berlin philharmonie**
berliner philharmonisches orchester
beethoven programme
coriolan overture/symphony 8/symphony 2

22 january 1943/**berlin philharmonie**
berliner philharmonisches orchester
smetana bartered bride overture/strauss bürger als edelmann/
haydn symphony 100/weber aufforderung zum tanz/
j.strauss pizzicato polka/tritsch-tratsch polka

9-10 february 1943/**vienna musikverein**
wiener symphoniker
wiener singverein
pfitzner von deutscher seele
erika rokyta
else schürhoff
julius patzak
ludwig weber

27-28 february and 1 march 1943/**vienna musikverein**
wiener philharmoniker
mozart eine kleine nachtmusik/berger legende vom
prinzen eugen/liszt les préludes/beethoven symphony 2

14 march 1943/**wuppertal stadttheater**
wagner das rheingold

16 march 1943/**wuppertal stadttheater**
wagner die walküre

21 march 1943/**wuppertal stadttheater**
wagner siegfried

24 march 1943/**wuppertal stadttheater**
wagner götterdämmerung

30-31 march 1943/**berlin philharmonie**
berliner philharmonisches orchester
strauss don juan/mozart clarinet concerto/schubert symphony 9
alfred bürkner

10-11 april 1943/**vienna musikverein**
wiener philharmoniker
konzertvereinigung wiener staatsopernchor
verdi messa da requiem
erna schlüter
else schürhoff
julius patzak
herbert alsen

18 april 1943/**berlin philharmonie**
berliner philharmonisches orchester
bruno-kittel-chor
strauss festliches präludium/beethoven symphony 9
erna berger
elisabeth höngen
torsten ralf
rudolf watzke

10 may 1943/**paris palais de chaillot**
berliner philharmonisches orchester
schubert/wagner/liszt

12 may 1943/**marseille**
berliner philharmonisches orchester

14 may 1943/**barcelona**
berliner philharmonisches orchester
beethoven egmont overture/bach brandenburg concerto 3/
brahms symphony 4/wagner meistersinger overture/wolf
italian serenade/liszt les préludes

16 may 1943/**barcelona**
berliner philharmonisches orchester
weber euryanthe overture/smetana moldau/beethoven
symphony 2/bruckner scherzo from symphony 3/wagner
tristan prelude and liebestod

17 may 1943/**barcelona**
berliner philharmonisches orchester
brahms symphony 3/mozart clarinet concerto/wagner
rienzi overture/weber aufforderung zum tanz

18 may 1943/**barcelona**
berliner philharmonisches orchester

20 may 1943/**san sebastian**
berliner philharmonisches orchester

21 may 1943/**san sebastian**
berliner philarmonisches orchester

22 may 1943/**bilbao teatro buenos aires**
berliner philharmonisches orchester

23 may 1943/**bilbao teatro buenos aires**
berliner philharmonisches orchester

25 may 1943/**madrid**
berliner philharmonisches orchester
beethoven egmont overture/bach brandenburg concerto 3/
wolf italian serenade/liszt les préludes/brahms symphony 3

26 may 1943/**madrid**
berliner philharmonisches orchester

28 may 1943/**madrid**
berliner philharmonisches orchester

30 may 1943/**madrid**
berliner philharmonisches orchester
wagner rienzi overture/liszt les préludes/beethoven
symphony 5

2 june 1943/**lisbon**
berliner philaremonisches orchester

7 june 1943/**lisbon**
berliner philharmonisches orchester

10 june 1943/**lisbon**
berliner philharmonisches orchester

11 june 1943/**porto**
berliner philharmonisches orchester

12 june 1943/**porto**
berliner philharmonisches orchester

26-27 june 1943/**vienna musikverein**
wiener philharmoniker
haydn symphony 88/pfitzner 3 palestrina preludes/
bruckner symphony 3

30 june 1943/**vienna staatsoper**
wagner götterdämmerung
anny konetzni (brünnhilde)
daga söderqvist (gutrune)
set svanholm (siegfried)
herbert alsen (hagen)

28 august 1943/**brussels palais des beaux arts**
berliner philharmonisches orchester
handel concerto grosso op 6 no 5/strauss don juan/
brahms symphony 1

29 august 1943/**brussels palais des beaux arts**
berliner philharmonisches orchester
wagner meistersinger overture/wagner siegfried idyll/
wagner tristan prelude and liebestod/beethoven
symphony 3

1 september 1943/**san sebastian**
berliner philharmonisches orchester

3 september 1943/**san sebastian**
berliner philharmonisches orchester

5 september 1943/**san sebastian**
berliner philharmonisches orchester

7 september 1943/**san sebastian**
berliner philharmonisches orchester

9 september 1943/**san sebastian**
berliner philharmonisches orchester

10 september 1943/**bordeaux**
berliner philharmonisches orchester

11 september 1943/**bordeaux**
berliner philharmonisches orchester

14 september 1943/**paris théatre de l'opéra**
berliner philharmonisches orchester
handel concerto grosso op 6 no 5/strauss don juan/
brahms symphony 3/wagner meistersinger overture

15 september 1943/**paris palais de chaillot**
berliner philharmonisches orchester
weber oberon overture/schumann symphony 4/wagner
siegfried idyll/tristan prelude and liebestod/tannhäuser
overture

17 september 1943/**wuppertal stadthalle am johannisberg**
berliner philharmonisches orchester

19-20 october 1943/**berlin philharmonie**
berliner philharmonisches orchester
handel concerto grosso op 6 no 5/brahms violin concerto/
schumann symphony 4
nejiko suma

1 december 1943/**vienna staatsoper**
wagner die walküre
helena braun (brünnhilde)
hilde konetzni (sieglinde)
max lorenz (siegmund)
hans hotter (wotan)

4-6 december 1943/**vienna musikverein**
wiener philharmoniker
beethoven könig stephan overture/mozart violin
concerto 4/schmidt symphony 2
willi boskovsky

10 december 1943/**vienna staatsoper**
wagner siegfried
william wernigk (mime)
hans hotter (wanderer)

17-18 december 1943/**berlin philharmonie**
berliner philharmonisches orchester
weber euryanthe overture/haydn oboe concerto/
brahms symphony 2
willi lenz

1944/**vienna musikverein**
wiener philharmoniker
reger variations and fugue on a theme of mozart

8-10 january 1944/**vienna musikverein**
wiener philharmoniker
cornelius barbier von bagdad overture/wolf italian
serenade/brahms symphony 4

19 january 1944/**berlin philharmonie**
berliner philharmonisches orchester
berten intrada/schumann piano concerto/beethoven
symphony 4
gerhard puchelt

20 january 1944/**potsdam**
berliner philharmonisches orchester
programme and soloist as for 19 january 1944

4 february 1944/**linz**
reichs-bruckner-orchester
haydn symphony 88/bruckner symphony 4

15 february 1944/**berlin dom**
berliner philharmonisches orchester
bach orchestral suite 3/mozart violin concerto 7/
mozart symphony 41
erich röhn

23 february 1944/**vienna musikverein**
wiener symphoniker
wiener singverein
<u>brahms programme</u>
haydn variations/schicksalslied/symphony 4

8 march 1944/**berlin dom**
berliner philharmonisches orchester
bruckner symphony 8

10 march 1944/**berlin dom**
berliner philharmonisches orchester
handel concerto grosso op 6 no 5/bruckner symphony 4

26 march 1944/**berlin haus des rundfunks**
reichsrundfunk recording
berliner philharmonisches orchester
brahms symphony 2

30 march 1944/**oslo nationaltheatret**
berliner philharmonisches orchester
handel concerto grosso op 6 no 5/wagner tristan prelude
and liebestod/brahms symphony 3

1-2 april 1944/**bergen koncertpalaeet**
berliner philharmonisches orchester
brahms haydn variations/haydn symphony 94/beethoven
symphony 5

4 april 1944/**oslo nationaltheatret**
berliner philharmonisches orchester
programme as for 1-2 april 1944

6 april 1944/**oslo universitetets aula**
berliner philharmonisches orchester
wagner meistersinger overture/haydn symphony 94/
beethoven symphony 5

19 april 1944/**berlin staatsoper**
berliner philharmonisches orchester
handel concerto grosso op 6 no 5/beethoven symphony 3

23 april 1944/**barcelona teatro del liceo**
berliner philharmonisches orchester
wagner meistersinger overture/liszt les préludes/mozart
eine kleine nachtmusik/beethoven symphony 3

24 april 1944/**barcelona teatro del liceo**
berliner philharmonisches orchester
schubert symphony 8/schumann symphony 4/strauss
don juan/weber der freischütz overture

25 april 1944/**barcelona teatro del liceo**
berliner philharmonisches orchester
haydn symphony 88/brahms symphony 2/beethoven
coriolan overture/wagner tristan prelude and liebestod/
tannhäuser overture

27 april 1944/**madrid**
berliner philharmonisches orchester

28 april 1944/**madrid**
berliner philharmonisches orchester

1 may 1944/**seville**
berliner philharmonisches orchester

4 may 1944/**madrid**
berliner philharmonisches orchester

7 may 1944/**lisbon**
berliner philharmonisches orchester

8 may 1944/**lisbon**
berliner philharmonisches orchester

9 may 1944/**lisbon**
berliner philharmonisches orchester

10 may 1944/**lisbon**
berliner philharmonisches orchester

11 may 1944/**porto**
berliner philharmonisches orchester

12 may 1944/**porto**
berliner philharmonisches orchester

14 may 1944/**vigo**
berliner philharmonisches orchester

16 may 1944/**gijon**
berliner philharmonisches orchester

17 may 1944/**oviedo**
berliner philharmonisches orchester

18 may 1944/**oviedo**
berliner philharmonisches orchester

22 may 1944/**granada**
berliner philharmonisches orchester

23 may 1944/**granada**
berliner philharmonisches orchester

26 may 1944/**madrid**
berliner philharmonisches orchester

27 may 1944/**madrid**
berliner philharmonisches orchester

30 may 1944/**santander**
berliner philharmonisches orchester

31 may 1944/**santander**
berliner philharmonisches orchester

1 june 1944/**bilbao teatro buenos aires**
berliner philharmonisches orchester

2 june 1944/**bilbao teatro buenos aires**
berliner philharmonisches orchester

3 june 1944/**san sebastian**
berliner philharmonisches orchester

4 june 1944/**pamplona**
berliner philharmonisches orchester

5 june 1944/**pamplona**
berliner philharmonisches orchester

6 june 1944/**san sebastian**
berliner philharmonisches orchester

9 june 1944/**paris palais de chaillot**
berliner philharmonisches orchester
brahms symphony 2/beethoven symphony 5/
wagner tristan prelude and liebestod

june 1944/**vienna staatsoper**
wagner das rheingold

june 1944/**vienna staatsoper**
wagner die walküre

june 1944/**vienna staatsoper**
wagner siegfried

24 june 1944/**vienna musikverein**
magnetofon-konzert for reichsrundfunk
wiener philharmoniker
<u>bach programme</u>
brandenburg concerto 3/orchestral suite 3

30 june 1944/**vienna staatsoper**
wagner götterdämmerung
helena braun (brünnhilde)
daga söderquist (gutrune)
elisabeth höngen (waltraute)
julius pölzer (siegfried)
karl kronenberg (gunther)
adolf vogel (alberich)
herbert alsen (hagen)

1 july 1944/**vienna musikverein**
magnetofon-konzert for reichsrundfunk
wiener philharmoniker
bach violin concerto in a minor
wolfgang schneiderhan

8 september 1944/**baden-baden**
magnetofon-konzert for reichsrundfunk
berliner philharmonisches orchester
bruckner symphony 4

9 september 1944/**baden-baden**
magnetofon-konzert for reichsrundfunk
berliner philharmonisches orchester
brahms symphony 3

17-19 august 1945/**munich prinzregententheater**
bayerisches staatsorchester
mendelssohn meeresstille glückliche fahrt/schumann
symphony 4/brahms symphony 4

21 august 1945/**munich prinzregententheater**
münchner philharmoniker

31 august-2 september 1945/**munich prinzregententheater**
bayerisches staatsorchester
smetana/wagner/tchaikovsky

14-15 september 1945/**munich prinzregententheater**
bayerisches staatsorchester
weber/brahms/beethoven

16 september 1945/**munich prinzregententheater**
bayerisches staatsorchester
haydn/beethoven

22-23 january 1947/**bamberg**
bamberger symphoniker
<u>schubert anniversary concert for 150 years since his birth</u>
rosamunde overture/symphony 5/symphony 9

2 february 1947/**berlin staatsoper im admiralspalast**
staatskapelle berlin
schubert anniversary concert for 150 years since his birth
rosamunde overture/symphony 5/symphony 9

6-8 april 1947/**munich kongressaal des deutschen museums**
münchner philharmoniker
brahms programme
symphony 3/symphony 2

18 april 1947/**vienna staatsoper im theater an der wien**
strauss salome
maria cebotari (salome)
elisabeth höngen (herodias)
anton dermota (narraboth)
paul schöffler (jochanaan)

19-20 april 1947/**vienna musikverein**
wiener philharmoniker
brahms programme
symphony 3/symphony 1

20 april 1947/**vienna staatsoper im theater an der wien**
wagner die walküre

25 april 1947/**vienna staatsoper im theater an der wien**
beethoven fidelio

26-27 april 1947/**vienna musikverein**
wiener philharmoniker
brahms programme for 50 years since his death
haydn variations/violin concerto/symphony 2
ginette neveu

2 may 1947/**vienna staatsoper im theater an der wien**
strauss der rosenkavalier

3-4 may 1947/**vienna musikverein**
wiener philharmoniker
bruckner symphony 8

7 may 1947/**vienna schönbrunn schlosstheater**
wiener philharmoniker
wagner siegfried idyll/beethoven violin concerto/
haydn symphony 94
willi boskovsky

18 may 1947/**vienna staatsoper im theater an der wien**
wagner tannhäuser

24 may 1947/**vienna**
concert for american red cross
wiener philharmoniker

26 may 1947/**vienna staatsoper im theater an der wien**
wagner tristan und isolde

5 june 1947/**zürich tonhalle**
wagner tristan und isolde
kirsten flagstad (isolde)
else cavelti (brangäne)
max lorenz (tristan)
andreas boehm (kurwenal)
lubomir vischgonov (marke)
alexander kolazio (melot)

june 1947/**zürich tonhalle**
wagner götterdämmerung
kirsten flagstad (brünnhilde)
max lorenz (siegfried)

30 august 1947/**salzburg festspielhaus**
wiener philharmoniker
schubert symphony 5/beethoven symphony 7

1 october 1947/**vienna staatsoper in der volksoper**
weber der freischütz
maria reining (agathe)
henny herze (ännchen)
horst taubmann (max)
walter höfermayer (ottokar)
adolf vogel (kuno)
marjan rus (kaspar)
emil siegert (samiel)
endre koreh (eremit)
willy ferenz (kilian)

18-19 october 1947/**vienna musikverein**
wiener philharmoniker
cornelius barbier von bagdad overture/mozart sinfonia concertante for wind/dvorak symphony 9

30 october 1947/**vienna staatsoper im theater an der wien**
wagner der fliegende holländer
hilde konetzni (senta)
else schürhoff (mary)
hans hotter (holländer)
herbert alsen (daland)
horst taubmann (erik)
anton dermota (steuermann)

19-20 november 1947/**vienna musikverein**
wiener symphoniker
haydn symphony 88/bruckner symphony 7

23 november 1947/**vienna musikverein**
wiener symphoniker
liszt les préludes/mozart violin concerto 5/tchaikovsky symphony 5
wolfgang schneiderhan

28-29 march 1948/**munich aula der universität**
münchner philharmoniker
haydn symphony 88/bruckner symphony 7

7-9 april 1948/**munich kongressaal des deutschen museums**
münchner philharmoniker
weber oberon overture/beethoven symphony 4/schubert symphony 9

11 april 1948/**munich prinzregententheater**
wagner die walküre

21-22 april 1948/**vienna musikverein**
wiener symphoniker
haydn symphony 94/schmidt variations on a theme by beethoven/brahms symphony 4
friedrich wührer

24-25 april 1948/**vienna musikverein**
wiener philharmoniker
handel concerto grosso op 6 no 5/schubert symphony 8/beethoven symphony 4

30 april 1948/**vienna staatsoper im theater an der wien**
wagner lohengrin
maria reining (elsa)
anny konetzni (ortrud)
julius patzak (lohengrin)
karl kamann (telramund)
herbert alsen (könig heinrich)
hans braun (heerrufer)

7 may 1948/**vienna staatsoper in der volksoper**
weber der freischütz

30 august 1948/**salzburg festspielhaus**
wiener philharmoniker
schubert symphony 8/bruckner symphony 4

7 september 1948/**bayreuth festspielhaus**
bamberger symphoniker
brahms symphony 3/beethoven symphony 5

11-12 september 1948/**munich aula der universität**
münchner philharmoniker
<u>beethoven programme</u>
egmont overture/symphony 1/symphony 5

22-24 september 1948/**munich aula der universität**
münchner philharmoniker
brahms haydn variations/wagner siegfried idyll/
bruckner symphony 3

26 september 1948/**munich prinzregententheater**
beethoven fidelio

october 1948/**zürich**
wagner die meistersinger von nürnberg

october 1948/**zürich**
strauss elektra

18-19 december 1948/**munich aula der universität**
münchner philharmoniker
bruckner symphony 8

25-26 december 1948/**munich aula der universität**
münchner philharmoniker
wagner meistersinger overture and scenes/beethoven symphony 7
hans hermann nissen

29 december 1948/**munich prinzregententheater**
wagner tristan und isolde

1949/**vienna staatsoper im theater an der wien**
strauss der rosenkavalier
maria reining (marschallin)
lisa della casa (sophie)

1 february 1949/**vienna staatsoper im theater an der wien**
wagner die walküre

2-3 february 1949/**vienna musikverein**
wiener symphoniker
brahms symphony 3/beethoven symphony 7

13 february 1949/**vienna staatsoper im theater an der wien**
beethoven fidelio

5-7 march 1949/**vienna musikverein**
wiener philharmoniker
mozart 3 german dances/strauss till eulenspiegel/schubert symphony 8

12 march 1949/**vienna staatsoper im theater an der wien**
wagner tristan und isolde

16-17 march 1949/**vienna musikverein**
wiener symphoniker
wiener singverein
verdi messa da requiem
maria cebotari
else schürhoff
anton dermota
karl kamann

26-28 march 1949/**vienna musikverein**
wiener philharmoniker
nicolai lustigen weiber von windsor overture/tchaikovsky nutcracker suite/strauss don quixote
emanuel brabec

6-7 april 1949/**vienna musikverein**
wiener symphoniker
uhl 4 caprices/brahms double concerto/tchaikovsky symphony 5
wolfgang schneiderhan
enrico mainardi

9-11 april 1949/**vienna musikverein**
wiener philharmoniker
schumann symphony 4/bruckner symphony 3

14-15 april 1949/**vienna musikverein**
wiener symphoniker
wiener singverein
bach matthäus-passion
elisabeth schwarzkopf
rosette anday
julius patzak
hans braun
otto edelmann

20 april 1949/**vienna konzerthaus**
wiener symphoniker
wagner siegfried idyll/dvorak cello concerto/brahms symphony 3
enrico mainardi

21 april 1949/**vienna staatsoper im theater an der wien**
wagner der fliegende holländer

28 april 1949/**vienna musikverein**
wiener symphoniker
richard strauss birthday concert
bürger als edelmann/orchesterlieder/also sprach zarathustra
irmgard seefried

4-6 may 1949/**munich aula der universität**
münchner philharmoniker
tchaikovsky symphony 5/beethoven violin concerto/tchaikovsky nutcracker suite
wolfgang schneiderhan

22 may 1949/**bayreuth festspielhaus**
münchner philharmoniker
beethoven weihe des hauses overture/wagner rhine journey and funeral march/tristan prelude/meistersinger preludes acts 1 and 3

june 1949/**zürich**
wagner die meistersinger von nürnberg

30 august 1949/**salzburg festspielhaus**
wiener philharmoniker
wagner siegfried idyll/bruckner symphony 7

15 september 1949/**munich kongressaal des deutschen museums**
münchner philharmoniker
brahms symphony 4/dvorak symphony 9

16 october 1949/**munich prinzregententheater**
wagner die walküre

23 october 1949/**munich prinzregententheater**
wagner tristan und isolde

19 december 1949/**munich aula der universität**
münchner philharmoniker
bruckner symphony 8

6 january 1950/**munich prinzregententheater**
wagner die meistersinger von nürnberg

29-30 january 1950/**berlin titania palast**
berliner philharmonisches orchester
schubert symphony 8/bruckner symphony 9

2 february 1950/**berlin titania palast**
berliner philharmonisches orchester
nicolai lustigen weiber von windsor overture/haydn symphony 94/tchaikovsky nutcracker suite/j.strauss fledermaus overture/pizzicato polka/komzak bad'ner mad'ln

5 february 1950/**berlin staatsoper im admiralspalast**
strauss der rosenkavalier

10 february 1950/**berlin staatsoper im admiralspalast**
staatskapelle berlin
brahms symphony 3/tchaikovsky symphony 6

13 february 1950/**munich prinzregententheater**
wagner die meistersinger von nürnberg

17 march 1950/**bielefeld**
berliner philharmonisches orchester

18 march 1950/**gelsenkirchen**
berliner philharmonisches orchester

19 march 1950/**recklinghausen**
berliner philharmonisches orchester

20 march 1950/**düsseldorf tonhalle**
berliner philharmonisches orchester

21 march 1950/**mönchen-gladbach**
berliner philharmonisches orchester

15-16 april 1950/**vienna musikverein**
wiener philharmoniker
cornelius barbier von bagdad overture/salmhofer
symphony in c/dvorak symphony 9

23 april 1950/**vienna staatsoper im theater an der wien**
wagner tannhäuser

26-27 april 1950/**vienna konzerthaus**
wiener symphoniker
bruckner symphony 8

3-4 may 1950/**vienna musikverein**
wiener symphoniker
wiener singverein
beethoven symphony 9
irmgard seefried
elisabeth höngen
julius patzak
otto edelmann

6-7 may 1950/**vienna musikverein**
wiener philharmoniker
berger ballade/dvorak symphonic variations/schubert
symphony 2

22 may 1950/**vienna staatsoper im theater an der wien**
wagner die meistersinger von nürnberg

30 may 1950/**vienna staatsoper im theater an der wien**
wagner die meistersinger von nürnberg

11 june 1950/**vienna staatsoper im theater an der wien**
strauss salome

8 july 1950/**munich prinzregententheater**
strauss der rosenkavalier

16 july 1950/**munich prinzregententheater**
wagner die meistersinger von nürnberg

23 july 1950/**munich prinzregententheater**
wagner tristan und isolde
helena braun (isolde)
margarete klose (brangäne)
günther treptow (tristan)
paul schöffler (kurwenal)
ferdinand frantz (marke)
albrecht peter (melot)
paul kuen (hirt)

30 july 1950/**munich prinzregententheater**
wagner die meistersinger von nürnberg

27 august 1950/**salzburg festspielhaus**
wiener philharmoniker
berger rondino giocoso/strauss bürger als edelmann/
bruckner symphony 3

10 september 1950/**berlin titania palast**
berliner philharmonisches orchester
pfitzner scherzo for orchestra/dvorak symphonic variations/beethoven symphony 7

october 1950/**stockholm royal opera**
wagner das rheingold
margareta bergström (fricka)
birgit nilsson (woglinde)
sigurd björling (wotan)

october 1950/**stockholm royal opera**
wagner die walküre
britta herzberg (brünnhilde)
birgit nilsson (sieglinde)
margareta bergström (fricka)
set svanholm (siegmund)
sigurd björling (wotan)
leon bjorker (hunding)

october 1950/**stockholm royal opera**
wagner siegfried
birgit nilsson (brünnhilde)
set svanholm (siegfried)
sigurd björling (wanderer)

october 1950/**stockholm royal opera**
wagner götterdämmerung
britta herzberg (brünnhilde)
birgit nilsson (woglinde)
set svanholm (siegfried)

21-22 october 1950/**munich aula der universität**
münchner philharmoniker
brahms symphony 3/beethoven symphony 3

5-6 november 1950/**berlin titania palast**
berliner philharmonisches orchester
brahms programme
haydn variations/symphony 3/piano concerto 1
clifford curzon

6 november 1950/**berlin-dahlem gemeindehaus**
berliner philharmonisches orchester
beethoven coriolan overture
recording for rias berlin

11 november 1950/**munich prinzregententheater**
wagner der fliegende holländer

12 november 1950/**munich prinzregententheater**
strauss der rosenkavalier

18 november 1950/**munich prinzregententheater**
wagner die meistersinger von nürnberg

21 november 1950/**munich prinzregententheater**
wagner der fliegende holländer

11 december 1950/**munich prinzregententheater**
wagner der fliegende holländer

1 january 1951/**munich prinzregententheater**
wagner die meistersinger von nürnberg

7-8 january 1951/**berlin titania palast**
berliner philharmonisches orchester
bruckner symphony 8

21 january 1951/**munich prinzregententheater**
strauss salome

23 january 1951/**munich prinzregententheater**
wagner die meistersinger von nürnberg

31 january 1951/**munich prinzregententheater**
wagner der fliegende holländer

13 february 1951/**munich prinzregententheater**
wagner siegfried
marianne schech (brünnhilde)
anny van kruyswyk (waldvogel)
irmgard barth (erda)
bernd aldenhoff (siegfried)
paul kuen (mime)
hans hermann nissen (wanderer)
benno kusche (alberich)
max proebstl (fafner)

16 february 1951/**munich prinzregententheater**
wagner siegfried
cast as for 13 february 1951

17-18 february 1951/**munich aula der universität**
münchner philharmoniker
bruckner symphony 8

march 1951/**rome teatro dell' opera**
wagner tannhäuser
maria reining (elisabeth)
torsten ralf (tannhäuser)
alfred poell (wolfram)
otto von rohr (landgraf)

11 april 1951/**munich prinzregententheater**
beethoven fidelio

14 april 1951/**munich prinzregententheater**
wagner die walküre

17 april 1951/**bern kasino**
münchner philharmoniker
brahms symphony 3/beethoven symphony 3

18 april 1951/**basel**
münchner philharmoniker
programme as for 17 april 1951

19 april 1951/**geneva victoria hall**
münchner philharmoniker
programme as for 17 april 1951

20 april 1951/**zürich tonhalle**
münchner philharmoniker
programme as for 17 april 1951

28-29 april 1951/**vienna musikverein**
wiener philharmoniker
pfitzner scherzo for orchestra/schmidt variationen über ein husarenlied/bruckner symphony 3

3 may 1951/**munich prinzregententheater**
strauss der rosenkavalier
cäcilie reich (marschallin)
irmgard barth (octavian)
gerda sommerschuh (sophie)
theo herrmann (ochs)
gustav neidlinger (faninal)
hans hopf (sänger)

9 may 1951/**bremen grosser glockensaal**
philharmonisches staatsorchester bremen
brahms symphony 3/beethoven symphony 3

13 may 1951/**munich prinzregententheater**
wagner siegfried

22 may 1951/**munich prinzregententheater**
wagner der fliegende holländer

26-27 may 1951/**berlin titania palast**
berliner philharmonisches orchester
strauss bürger als edelmann/respighi concerto gregoriano/
schumann symphony 4
helmut heller

1 june 1951/**munich prinzregententheater**
strauss salome

11 june 1951/**munich prinzregententheater**
strauss der rosenkavalier

19 june 1951/**munich prinzregententheater**
wagner der fliegende holländer

30 july 1951/**bayreuth festspielhaus**
wagner parsifal
martha mödl (kundry)
wolfgang windgassen (parsifal)
george london (amfortas)
ludwig weber (gurnemanz)
hermann uhde (klingsor)
arnold van mill (titurel)
rut siewert (stimme von oben)

31 july 1951/**bayreuth festspielhaus**
wagner das rheingold
hanna ludwig (fricka)
paula brivkalne (freia)
rut siewert (erda)
sigurd björling (wotan)
wolfgang windgassen (froh)
walter fritz (loge)
paul kuen (mime)
werner faulhaber (donner)
heinrich pflanzl (alberich)
ludwig weber (fasolt)
friedrich dalberg (fafner)

1 august 1951/**bayreuth festspielhaus**
wagner die walküre
astrid varnay (brünnhilde)
leonie rysanek (sieglinde)
hanna ludwig (fricka)
günther treptow (siegmund)
sigurd björling (wotan)
arnold van mill (hunding)

2 august 1951/**bayreuth festspielhaus**
wagner siegfried
astrid varnay (brünnhilde)
wilma lipp (waldvogel)
rut siewert (erda)
bernd aldenhoff (siegfried)
paul kuen (mime)
sigurd björling (wanderer)
heinrich pflanzl (alberich)
friedrich dalberg (fafner)

4 august 1951/**bayreuth festspielhaus**
wagner götterdämmerung
astrid varnay (brünnhilde)
martha mödl (gutrune)
elisabeth höngen (waltraute)
bernd aldenhoff (siegfried)
hermann uhde (gunther)
ludwig weber (hagen)
heinrich pflanzl (alberich)

7 august 1951/**bayreuth festspielhaus**
wagner parsifal

10 august 1951/**bayreuth festspielhaus**
wagner parsifal

18 august 1951/**bayreuth festspielhaus**
wagner parsifal

22 august 1951/**bayreuth festspielhaus**
wagner parsifal

25 august 1951/**bayreuth festspielhaus**
wagner parsifal

26 august 1951/**bayreuth festspielhaus**
wagner die meistersinger von nürnberg
elisabeth schwarzkopf (eva)
ira malaniuk (magdalene)
hans hopf (stolzing)
gerhard unger (david)
otto edelmann (sachs)
friedrich dalberg (pogner)
heinrich pflanzl (kothner)
erich kunz (beckmesser)

29-30 september 1951/**vienna musikverein**
wiener philharmoniker
brahms symphony 3/bruckner symphony 9

7 october 1951/**munich prinzregententheater**
wagner tannhäuser

24 october 1951/**munich prinzregententheater**
wagner der fliegende holländer

27 october 1951/**munich prinzregententheater**
wagner die meistersinger von nürnberg

28 november 1951/**munich prinzregententheater**
wagner der fliegende holländer

1 december 1951/**munich prinzregententheater**
strauss salome

12 december 1951/**munich prinzregententheater**
wagner götterdämmerung
helena braun (brünnhilde)
cäcilie reich (gutrune)
irmgard barth (waltraute)
bernd aldenhoff (siegfried)
hermann uhde (gunther)
kurt böhme (hagen)

16 december 1951/**munich aula der universität**
münchner philharmoniker
<u>strauss programme</u>
bürger als edelmann/sinfonia domestica

18 december 1951/**munich prinzregententheater**
wagner götterdämmerung

22 december 1951/**munich prinzregententheater**
beethoven fidelio

26 december 1951/**munich prinzregententheater**
wagner götterdämmerung

1 january 1952/**munich prinzregententheater**
wagner die meistersinger von nürnberg

4 january 1952/**munich prinzregententheater**
wagner götterdämmerung

9 january 1952/**munich prinzregententheater**
beethoven fidelio

20-21 january 1952/**berlin titania palast**
berliner philharmonisches orchester
weber aufforderung zum tanz/j.strauss fledermaus overture/
g'schichten aus dem wienerwald/1001 nacht/ägyptischer
marsch/annen polka/dorfschwalben aus österreich/
lanner die schönbrunner/komzak bad'ner mad'ln

23 january 1952/**berlin staatsoper im admiralspalast**
strauss der rosenkavalier

25 january 1952/**berlin staatsoper im admiralspalast**
wagner die meistersinger von nürnberg

27-28 january 1952/**berlin titania palast**
berliner philharmonisches orchester
boldemann la danza/beethoven symphony 8/schumann
cello concerto/wagner tristan prelude and liebestod
pierre fournier

23-24 february 1952/**paris théatre des champs-élysées**
orchestre des concerts du conservatoire
wagner rienzi overture/beethoven piano concerto 4/
brahms symphony 2
aldo ciccolini

14-28 march 1952/**napoli teatro san carlo**
wagner das rheingold
ira malaniuk (fricka)
rut siewert (erda)
sigurd björling (wotan)
erich witte (loge)
paul kuen (mime)
hans berg (alberich)
arnold van mill (fasolt)
emanuel list (fafner)

14-28 march 1952/**napoli teatro san carlo**
wagner die walküre
martha mödl (brünnhilde)
leonie rysanek (sieglinde)
ira malaniuk (fricka)
günther treptow (siegmund)
sigurd björling (wotan)
josef greindl (hunding)

6 april 1952/**munich prinzregententheater**
wagner der fliegende holländer

13 april 1952/**munich prinzregententheater**
wagner götterdämmerung

19-20 april 1952/**vienna musikverein**
wiener philharmoniker
brahms tragic overture/hadamowsky tanz-suite/
strauss eine alpensinfonie

27 april 1952/**munich prinzregententheater**
strauss der rosenkavalier

4 may 1952/**wuppertal stadthalle am johannisberg**
wagner die meistersinger von nürnberg

11 june 1952/**munich prinzregententheater**
strauss der rosenkavalier

22 june 1952/**munich prinzregententheater**
wagner tannhäuser
annelies kupper (elisabeth)
marianne schech (venus)
bernd aldenhoff (tannhäuser)
karl schmitt-walter (wolfram)

30 july 1952/**bayreuth festspielhaus**
wagner die meistersinger von nürnberg
lisa della casa (eva)
ira malaniuk (magdalene)
hans hopf (stolzing)
gerhard unger (david)
otto edelmann (sachs)
kurt böhme (pogner)
werner faulhaber (kothner)
heinrich pflanzl (beckmesser)

1 august 1952/**bayreuth festspielhaus**
wagner parsifal
martha mödl (kundry)
wolfgang windgassen (parsifal)
george london (amfortas)
ludwig weber (gurnemanz)
hermann uhde (klingsor)
kurt böhme (titurel)

3 august 1952/**bayreuth festspielhaus**
wagner die meistersinger von nürnberg

5 august 1952/**bayreuth festspielhaus**
wagner parsifal

6 august 1952/**bayreuth festspielhaus**
wagner die meistersinger von nürnberg

9 august 1952/**bayreuth festspielhaus**
wagner die meistersinger von nürnberg

10 august 1952/**bayreuth festspielhaus**
wagner parsifal

17 august 1952/**bayreuth festspielhaus**
wagner die meistersinger von nürnberg

19 august 1952/**bayreuth festspielhaus**
wagner parsifal

21 august 1952/**bayreuth festspielhaus**
wagner die meistersinger von nürnberg

23 august 1952/**bayreuth festspielhaus**
wagner parsifal

24 august 1952/**bayreuth festspielhaus**
wagner die meistersinger von nürnberg

26 august 1952/**bayreuth festspielhaus**
wagner die meistersinger von nürnberg
trude eipperle (eva)
ira malaniuk (magdalene)
hans hopf (stolzing)
gerhard unger (david)
otto edelmann (sachs)
kurt böhme (pogner)
werner faulhaber (kothner)
heinrich pflanzl (beckmesser)

5 september 1952/**munich prinzregententheater**
strauss der rosenkavalier

8 september 1952/**munich prinzregententheater**
strauss elektra

20 september 1952/**munich prinzregententheater**
strauss salome

28-29 september 1952/**berlin titania palast**
berliner philharmonisches orchester
wolf italian serenade/sibelius violin concerto/
brahms symphony 3
ariana bronne

1 october 1952/**hamburg musikhalle**
berliner philharmonisches orchester

2 october 1952/**hannover**
berliner philharmonisches orchester

4 october 1952/**landau**
berliner philharmonisches orchester

6 october 1952/**lausanne théatre de beaulieu**
berliner philharmonisches orchester

7 october 1952/**basel**
berliner philharmonisches orchester

8 october 1952/**zürich tonhalle**
berliner philharmonisches orchester

9 october 1952/**bern kasino**
berliner philharmonisches orchester

11 october 1952/**viersen**
berliner philharmonisches orchester

12 october 1952/**bad pyrmont**
berliner philharmonisches orchester

4 november 1952/**munich prinzregententheater**
wagner das rheingold
ira malaniuk (fricka)
ferdinand frantz (wotan)
kurt böhme (fafner)

5 november 1952/**munich prinzregententheater**
wagner die walküre
helena braun (brünnhilde)
leonie rysanek (sieglinde)
ira malaniuk (fricka)
august seider (siegmund)
ferdinand frantz (wotan)
gottlob frick (hunding)

7 november 1952/**munich prinzregententheater**
wagner siegfried
helena braun (brünnhilde)
bernd aldenhoff (siegfried)
ferdinand frantz (wanderer)
kurt böhme (fafner)

11 november 1952/**munich prinzregententheater**
wagner götterdämmerung
helena braun (brünnhilde)
bernd aldenhoff (siegfried)
hermann uhde (gunther)
gottlob frick (hagen)

20 november 1952/**munich prinzregententheater**
strauss salome

29-30 november 1952/**paris théatre des champs-élysées**
orchestre des concerts du conservatoire
schubert symphony 5/brahms violin concerto/
strauss don juan
miriam solovieff

6-7 december 1952/**paris théatre des champs-élysées**
orchestre des concerts du conservatoire
mozart eine kleine nachtmusik/schumann piano
concerto/brahms symphony 4
ventsislav yankoff

10-12 december 1952/**bremen grosser glockensaal**
philharmonisches staatsorchester bremen
beethoven symphony 2/brahms symphony 4

6 january 1953/**munich kongressaal des deutschen museums**
münchner philharmoniker
bruckner symphony 8

10 january 1953/**munich prinzregententheater**
strauss der rosenkavalier

17-18 january 1953/**vienna musikverein**
wiener philharmoniker
wagner siegfried idyll/salmhofer violin concerto/
schumann symphony 4
willi boskovsky

19 january 1953/**vienna musikverein**
wiener philharmoniker
j.strauss fledermaus overture

25 january 1953/**munich prinzregententheater**
wagner der fliegende holländer

13 february 1953/**munich prinzregententheater**
wagner tristan und isolde

25-26 february 1953/**munich aula der universität**
münchner philharmoniker
wagner siegfried idyll/schumann cello concerto/
schubert symphony 9
pierre fournier

1 march 1953/**munich prinzregententheater**
wagner der fliegende holländer

4 march 1953/**munich prinzregententheater**
gluck orfeo ed euridice
ira malaniuk (orfeo)
annelies kupper (euridice)
antonie fahberg (amor)

11 march 1953/**munich prinzregententheater**
gluck orfeo ed euridice

april 1953/**napoli teatro san carlo**
wagner das rheingold

april 1953/**napoli teatro san carlo**
wagner die walküre
martha mödl (brünnhilde)

april 1953/**napoli teatro san carlo**
wagner siegfried
martha mödl (brünnhilde)
wolfgang windgassen (siegfried)

april 1953/**napoli teatro san carlo**
wagner götterdämmerung
martha mödl (brünnhilde)
wolfgang windgassen (siegfried)

14 april 1953/**munich prinzregententheater**
wagner das rheingold

15 april 1953/**munich prinzregententheater**
wagner die walküre

17 april 1953/**munich prinzregententheater**
wagner siegfried

19 april 1953/**munich prinzregententheater**
wagner götterdämmerung

25-26 april 1953/**vienna musikverein**
wiener philharmoniker
beethoven symphony 2/tchaikovsky symphony 6

7-8 may 1953/**cologne grosser sendesaal**
sinfonieorchester des westdeutschen rundfunks
beethoven coriolan overture/wagner siegfried idyll/
brahms symphony 4

22 may 1953/**munich prinzregententheater**
wagner die walküre

24 may 1953/**munich prinzregententheater**
strauss der rosenkavalier

7 june 1953/**munich prinzregententheater**
wagner der fliegende holländer

23 july 1953/**munich prinzregententheater**
wagner die meistersinger von nürnberg

2 august 1953/**munich prinzregententheater**
wagner die meistersinger von nürnberg

12 august 1953/**munich prinzregententheater**
wagner die meistersinger von nürnberg

29 september 1953/**munich prinzregententheater**
strauss der rosenkavalier

11 october 1953/**munich prinzregententheater**
wagner der fliegende holländer

17-18 october 1953/**paris théatre des champs-élysées**
orchestre des concerts du conservatoire
haydn symphony 88/beethoven piano concerto 4/
brahms symphony 3
rudolf firkusny

24-25 october 1953/**paris théatre des champs-élysées**
orchestre des concerts du conservatoire
wagner tannhäuser overture/wagner siegfried idyll/
bartok viola concerto/schumann symphony 4
william primrose

29 october 1953/**munich prinzregententheater**
performance to celebrate 300 years of opera in munich
strauss der rosenkavalier

21-22 november 1953/**vienna musikverein**
wiener philharmoniker
mozart flute and harp concerto/schmidt symphony 2
josef niedermayer
fritz jellinek

8 december 1953/**munich prinzregententheater**
wagner das rheingold

9 december 1953/**munich prinzregententheater**
wagner die walküre

11 december 1953/**munich prinzregententheater**
wagner siegfried

13 december 1953/**munich prinzregententheater**
wagner götterdämmerung

16-17 december 1953/**munich herkulessaal der residenz**
münchner philharmoniker
wolf italian serenade/salmhofer violin concerto/
beethoven symphony 3
fritz sonnleitner

27 december 1953/**munich prinzregententheater**
weber der freischütz

30 december 1953/**munich prinzregententheater**
beethoven fidelio

3 january 1954/**munich kongressaal des deutschen museums**
münchner philharmoniker
beethoven symphony 4/tchaikovsky symphony 6

5 january 1954/**munich prinzregententheater**
weber der freischütz

16-17 january 1954/**vienna musikverein**
wiener philharmoniker
beethoven programme
coriolan overture/piano concerto 4/symphony 7
wilhelm backhaus

18-19 january 1954/**geneva victoria hall**
wiener philharmoniker
programme and soloist as for 16-17 january 1954

20 january 1954/**zürich tonhalle**
wiener philharmoniker
programme and soloist as for 16-17 january 1954

21 january 1954/**fribourg aula der universität**
wiener philharmoniker
programme and soloist as for 16-17 january 1954

22 january 1954/**zürich tonhalle**
wiener philharmoniker
programme and soloist as for 16-17 january 1954

february 1954/**bordeaux**
wagner die walküre
gertrud grob-prandl (brünnhilde)
leonie rysanek (sieglinde)
georgine von milinkovic (fricka)
max lorenz (siegmund)
sigurd björling (wotan)
otto von rohr (hunding)

27-28 february 1954/**paris théatre des champs-élysées**
orchestre des concerts du conservatoire
<u>beethoven programme</u>
egmont overture/piano concerto 3/symphony 7
yuri boukoff

11 march 1954/**munich prinzregententheater**
strauss der rosenkavalier
marianne schech (marschallin)
herta töpper (oktavian)
erika köth (sophie)
otto edelmann (ochs)

14 march 1954/**munich prinzregententheater**
strauss der rosenkavalier

24 march 1954/**munich prinzregententheater**
weber der freischütz

31 march 1954/**munich prinzregententheater**
weber der freischütz

16 may 1954/**munich prinzregententheater**
beethoven fidelio

22 may 1954/**munich prinzregententheater**
wagner der fliegende holländer

25 may 1954/**munich prinzregententheater**
weber der freischütz
leonie rysanek (agathe)
antonie fahberg (ännchen)
bernd aldenhoff (max)
otto edelmann (eremit)
max proebstl (kaspar)

6 june 1954/**munich prinzregententheater**
beethoven fidelio

18 june 1954/**munich prinzregententheater**
weber der freischütz
cast as for 25 may 1954

22 june 1954/**munich kongressaal des deutschen museums**
münchner philharmoniker
bruckner symphony 5

25 july 1954/**salzburg festspielhaus**
wiener philharmoniker
bruckner symphony 8

29 july 1954/**bayreuth festspielhaus**
wagner parsifal
martha mödl (kundry)
wolfgang windgassen (parsifal)
hans hotter (amfortas)
josef greindl (gurnemanz)
gustav neidlinger (klingsor)
theo adam (titurel)
hetty plümacher (stimme von oben)

5 august 1954/**bayreuth festspielhaus**
wagner parsifal

12 august 1954/**munich prinzregententheater**
wagner die meistersinger von nürnberg

17 august 1954/**bayreuth festspielhaus**
wagner parsifal

21 august 1954/**bayreuth festspielhaus**
wagner parsifal

24 august 1954/**munich prinzregententheater**
wagner das rheingold

25 august 1954/**munich prinzregententheater**
wagner die walküre

27 august 1954/**munich prinzregententheater**
wagner siegfried

29 august 1954/**munich prinzregententheater**
wagner götterdämmerung

2 september 1954/**munich prinzregententheater**
strauss elektra
christel goltz (elektra)
leonie rysanek (chrysothemis)
elisabeth höngen (klytemnestra)
franz klarwein (aegisth)
ferdinand frantz (orest)

11-13 september 1954/**berlin hochschule für musik**
berliner philharmonisches orchester
haydn overture in d/bruch violin concerto 1/
bruckner symphony 3
ariana bronne

17 september 1954/**munich prinzregententheater**
beethoven fidelio
marianne schech (leonore)
elisabeth lindermeier (marzelline)
hans hopf (florestan)
ferdinand frantz (pizarro)

19 september 1954/**munich prinzregententheater**
wagner die walküre

23 september 1954/**munich prinzregententheater**
weber der freischütz

26 september 1954/**munich prinzregententheater**
strauss der rosenkavalier

30 september 1954/**munich prinzregententheater**
wagner die meistersinger von nürnberg

7 october 1954/**munich prinzregententheater**
wagner der fliegende holländer

8 october 1954/**munich prinzregententheater**
weber der freischütz

11 october 1954/**munich kongressaal des deutschen museums**
bayerisches staatsorchester
trapp concerto for orchestra/bruckner symphony 3

17 october 1954/**munich prinzregententheater**
wagner tristan und isolde

23-24 october 1954/**vienna musikverein**
wiener philharmoniker
trapp concerto for orchestra/bruckner symphony 4

30 october 1954/**vienna musikverein**
wiener philharmoniker
berger rondino giocoso/schumann piano concerto/wagner siegfried's rhine journey/ride of the valkyries
augusta menezes de oliva

12 november 1954/**munich prinzregententheater**
strauss der rosenkavalier

14 november 1954/**munich prinzregententheater**
wagner der fliegende holländer

17 november 1954/**munich prinzregententheater**
beethoven fidelio

21 november 1954/**munich prinzregententheater**
wagner götterdämmerung

29 november 1954/**munich prinzregententheater**
weber der freischütz

4 december 1954/**munich prinzregententheater**
beethoven fidelio

15 december 1954/**munich prinzregententheater**
weber der freischütz

21 december 1954/**munich prinzregententheater**
wagner lohengrin
annelies kupper (elsa)
marianne schech (ortrud)
howard vandenburg (lohengrin)
hermann uhde (telramund)
gottlob frick (könig heinrich)
hans hotter (heerrufer)

25 december 1954/**munich prinzregententheater**
wagner lohengrin

29 december 1954/**munich prinzregententheater**
wagner lohengrin

1 january 1955/**munich prinzregententheater**
wagner die meistersinger von nürnberg

9 january 1955/**munich kongressaal des deutschen museums**
münchner philharmoniker
smetana moldau/tchaikovsky nutcracker suite/
dvorak symphony 9

10 january 1955/**munich prinzregententheater**
wagner das rheingold
hertha töpper (fricka)
ferdinand frantz (wotan)
paul kuen (mime)

11 january 1955/**munich prinzregententheater**
wagner die walküre
helena braun (brünnhilde)
cäcilie reich (sieglinde)
hertha töpper (fricka)
august seider (siegmund)
ferdinand frantz (wotan)
gottlob frick (hunding)

13 january 1955/**munich prinzregententheater**
wagner siegfried
helena braun (brünnhilde)
bernd aldenhoff (siegfried)
paul kuen (mime)
ferdinand frantz (wanderer)
kurt böhme (fafner)

16 january 1955/**munich prinzregententheater**
wagner götterdämmerung
helena braun (brünnhilde)
hertha töpper (waltraute)
bernd aldenhoff (siegfried)
hermann uhde (gunther)
gottlob frick (hagen)

24 january 1955/**munich prinzregententheater**
wagner lohengrin

27 january 1955/**munich prinzregententheater**
weber der freischütz

5-6 february 1955/**paris théatre des champs-élysées**
orchestre des concerts du conservatoire
brahms tragic overture/mozart piano concerto 20/
strauss bürger als edelmann
pierre sancan

12-13 february 1955/**paris théatre des champs-élysées**
orchestre des concerts du conservatoire
weber freischütz overture/strauss burleske/
tchaikovsky symphony 5
janine dacosta

27 february 1955/**munich prinzregententheater**
beethoven fidelio

4 march 1955/**munich prinzregententheater**
wagner lohengrin

6 march 1955/**munich prinzregententheater**
wagner der fliegende holländer

10 march 1955/**munich prinzregententheater**
charpentier louise
leonie rysanek (louise)
howard vandenburg (julien)
irmgard barth (mother)
hans hotter (father)

15 march 1955/**munich prinzregententheater**
charpentier louise
cast as for 10 march 1955

20 march 1955/**munich kongressaal des deutschen museums**
bayerisches staatsorchester
j.strauss ägyptischer marsch/1001 nacht/pizzicato polka/
rosen aus dem süden/g'schichten aus dem wienerwald/
annen polka/komzak bad'ner mad'ln/lanner schönbrunner/
weber aufforderung zum tanz/schubert marche militaire

21 march 1955/**munich prinzregententheater**
charpentier louise
cast as for 10 march 1955

27 march 1955/**munich prinzregententheater**
wagner die walküre

10 april 1955/**munich prinzregententheater**
wagner lohengrin

13 april 1955/**munich prinzregententheater**
charpentier louise

17 april 1955/**munich prinzregententheater**
charpentier louise

23-24 april 1955/**berlin hochschule für musik**
berliner philharmonisches orchester
cornelius barbier von bagdad overture/beethoven
piano concerto 5/schumann symphony 4
clifford curzon

26 april 1955/**lausanne théatre de beaulieu**
berliner philharmonisches orchester
strauss don juan/beethoven piano concerto 2/
schumann symphony 4
eduard erdmann

27 april 1955/**zürich tonhalle**
berliner philharmonisches orchester

28 april 1955/**bern kasino**
berliner philharmonisches orchester

29 april 1955/**zürich tonhalle**
berliner philharmonisches orchester

7 may 1955/**paris théatre national de l'opéra**
wagner das rheingold
ira malaniuk (fricka)
ingeborg weiss (freia)
rut siewert (erda)
sigurd björling (wotan)
albrecht peter (donner)
paul kuen (mime)
ludwig suthaus (loge)
gustav neidlinger (alberich)
josef greindl (fasolt)
deszo ernster (fafner)

11 may 1955/**paris théatre national de l'opéra**
wagner die walküre
martha mödl (brünnhilde)
leonie rysanek (sieglinde)
ira malaniuk (fricka)
ludwig suthaus (siegmund)
sigurd björling (wotan)
josef greindl (hunding)

13 may 1955/**paris théatre national de l'opéra**
wagner siegfried
martha mödl (brünnhilde)
ilse hollweg (waldvogel)
rut siewert (erda)
bernd aldenhoff (siegfried)
paul kuen (mime)
sigurd björling (wanderer)
gustav neidlinger (alberich)

16 may 1955/**paris théatre national de l'opéra**
wagner götterdämmerung
martha mödl (brünnhilde)
ira malaniuk (waltraute)
günther treptow (siegfried)
paul schöffler (gunther)
josef greindl (hagen)
gustav neidlinger (alberich)

21 may 1955/**paris théatre national de l'opéra**
wagner das rheingold
ira malaniuk (fricka)
ingeborg weiss (freia)
rut siewert (erda)
hans hotter (wotan)
albrecht peter (donner)
erich zimmermann (mime)
ludwig suthaus (loge)
josef greindl (fasolt)
deszo ernster (fafner)

22 may 1955/**paris théatre national de l'opéra**
wagner die walküre
martha mödl (brünnhilde)
leonie rysanek (sieglinde)
rut siewert (fricka)
ludwig suthaus (siegmund)
sigurd björling (wotan)
gustav neidlinger (hunding)

24 may 1955/**paris théatre national de l'opéra**
wagner siegfried
martha mödl (brünnhilde)
ingeborg weiss (waldvogel)
rut siewert (erda)
bernd aldenhoff (siegfried)
sigurd björling (wanderer)
gustav neidlinger (alberich)

27 may 1955/**paris théatre national de l'opéra**
wagner götterdämmerung
astrid varnay (brünnhilde)
leonie rysanek (gutrune)
ludwig suthaus (siegfried)
sigurd björling (gunther)
josef greindl (hagen)
gustav neidlinger (alberich)

3 june 1955/**munich prinzregententheater**
charpentier louise

10 june 1955/**munich prinzregententheater**
strauss der rosenkavalier

22 july 1955/**bayreuth festspielhaus**
wagner der fliegende holländer
astrid varnay (senta)
elisabeth schärtel (mary)
wolfgang windgassen (erik)
josef traxel (steuermann)
hermann uhde (holländer)
ludwig weber (daland)

26 july 1955/**salzburg festspielhaus**
wiener philharmoniker
brahms programme
tragic overture/piano concerto 2/symphony 3
clifford curzon

29 july 1955/**bayreuth festspielhaus**
wagner parsifal

30 july 1955/**bayreuth festspielhaus**
wagner der fliegende holländer

3 august 1955/**bayreuth festspielhaus**
wagner der fliegende holländer

4 august 1955/**bayreuth festspielhaus**
wagner parsifal

16 august 1955/**bayreuth festspielhaus**
wagner parsifal

20 august 1955/**bayreuth festspielhaus**
wagner parsifal

27 august 1955/**munich prinzregententheater**
wagner das rheingold

28 august 1955/**munich prinzregententheater**
wagner die walküre

30 august 1955/**munich prinzregententheater**
wagner siegfried

1 september 1955/**munich prinzregententheater**
wagner götterdämmerung
birgit nilsson (brünnhilde)
leonie rysanek (gutrune)
ira malaniuk (waltraute)
bernd aldenhoff (siegfried)
hermann uhde (gunther)
gottlob frick (hagen)
otakar kraus (alberich)

4 september 1955/**munich prinzregententheater**
wagner lohengrin

7 september 1955/**munich prinzregententheater**
strauss der rosenkavalier
marianne schech (marschallin)
herta töpper (oktavian)
erika köth (sophie)

11 september 1955/**munich prinzregententheater**
wagner die meistersinger von nürnberg
lisa della casa (eva)
hertha töpper (magdalene)
hans hopf (stolzing)
paul kuen (david)
ferdinand frantz (sachs)
gottlob frick (pogner)
albrecht peter (kothner)
heinrich pflanzl (beckmesser)

12-13 october 1955/**munich herkulessaal der residenz**
münchner philharmoniker
beethoven symphony 8/brahms symphony 2

19 october 1955/**munich prinzregententheater**
wagner die walküre

27 october 1955/**munich prinzregententheater**
charpentier louise

30 october 1955/**munich prinzregententheater**
wagner lohengrin

2 november 1955/**munich prinzregententheater**
beethoven fidelio

5 november 1955/**munich prinzregententheater**
wagner der fliegende holländer

16 november 1955/**vienna staatsoper**
strauss der rosenkavalier
maria reining (marschallin)
hilde güden (sophie)
sena jurinac (octavian)
kurt böhme (ochs)
alfred poell (faninal)
karl terkal (sänger)

24 november 1955/**vienna staatsoper**
strauss der rosenkavalier

26-27 november 1955/**vienna musikverein**
wiener philharmoniker
bruckner symphony 8

5 december 1955/**munich kongressaal des deutschen museums**
bayerisches staatsorchester
bruckner symphony 8

16 december 1955/**munich prinzregententheater**
strauss salome

21 december 1955/**munich prinzregententheater**
charpentier louise

25 december 1955/**munich prinzregententheater**
wagner lohengrin

26 december 1955/**munich prinzregententheater**
strauss der rosenkavalier

1 january 1956/**munich prinzregententheater**
wagner die meistersinger von nürnberg

9 january 1956/**munich prinzregententheater**
wagner der fliegende holländer

15 january 1956/**munich kongressaal des deutschen museums**
münchner philharmoniker
weber oberon overture/mahler kindertotenlieder/
schubert symphony 9
lucretia west

27 january 1956/**munich prinzregententheater**
performance for the mozart bi-centenary
mozart die zauberflöte
lieselotte fölser (pamina)
rosl schwaiger (papagena)
erika köth (königin der nacht)
richard holm (tamino)
max proebstl (sarastro)
hans hermann nissen (sprecher)

31 january 1956/**munich prinzregententheater**
mozart die zauberflöte

4 february 1956/**munich prinzregententheater**
wagner lohengrin

8 february 1956/**munich prinzregententheater**
mozart die zauberflöte

25 february 1956/**munich prinzregententheater**
mozart die zauberflöte

11 march 1956/**munich prinzregententheater**
wagner tristan und isolde

12 march 1956/**munich prinzregententheater**
mozart die zauberflöte

25 march 1956/**munich prinzregententheater**
mozart die zauberflöte

26 march 1956/**munich prinzregententheater**
beethoven fidelio
helena braun (leonore)
antonie fahberg (marzelline)
august seider (florestan)
paul kuen (jacquino)
kurt böhme (rocco)
josef metternich (pizarro)
hans hermann nissen (fernando)

2 april 1956/**munich prinzregententheater**
mozart die zauberflöte

8-9 april 1956/**berlin hochschule für musik**
berliner philharmonisches orchester
trapp concerto for orchestra/mahler kindertotenlieder/
beethoven symphony 5
lucretia west

11 april 1956/**berlin hochschule für musik**
berliner philharmonisches orchester
nicolai lustigen weiber von windsor overture/tchaikovsky
nutcracker suite/brahms hungarian dances 5 and 6/
j.strauss accelerations/annen polka/pizzicato polka/
an der schönen blauen donau/ziehrer wiener bürger

15 april 1956/**munich prinzregententheater**
beethoven fidelio

18 april 1956/**munich prinzregententheater**
mozart die zauberflöte

21 april 1956/**munich prinzregententheater**
wagner der fliegende holländer

23 april 1956/**munich prinzregententheater**
strauss salome

28 april 1956/**munich prinzregententheater**
beethoven fidelio

11 may 1956/**paris théatre national de l'opéra**
wagner tristan und isolde
astrid varnay (brünnhilde)
ira malaniuk (brangäne)
ludwig suthaus (tristan)
paul schöffler (kurwenal)
ludwig weber (marke)

20 may 1956/**munich prinzregententheater**
wagner lohengrin

22 may 1956/**munich prinzregententheater**
wagner der fliegende holländer

27 may 1956/**munich prinzregententheater**
strauss salome

26 july 1956/**bayreuth festspielhaus**
wagner parsifal
martha mödl (kundry)
ramon vinay (parsifal)
dietrich fischer-dieskau (amfortas)
josef greindl (gurnemanz)
toni blankenheim (klingsor)
hans hotter (titurel)

8 august 1956/**bayreuth festspielhaus**
wagner parsifal

13 august 1956/**bayreuth festspielhaus**
wagner das rheingold
georgine von milinkovic (fricka)
gré brouwenstijn (freia)
jean madeira (erda)
hans hotter (wotan)
alfons herwig (donner)
paul kuen (mime)
ludwig suthaus (loge)
josef traxel (froh)
gustav neidlinger (alberich)
josef greindl (fasolt)
arnold van mill (fafner)

14 august 1956/**bayreuth festspielhaus**
wagner die walküre
astrid varnay (brünnhilde)
gré brouwenstijn (sieglinde)
georgine von milinkovic (fricka)
wolfgang windgassen (siegmund)
hans hotter (wotan)
josef greindl (hunding)

15 august 1956/**bayreuth festspielhaus**
wagner siegfried
astrid varnay (brünnhilde)
ilse hollweg (waldvogel)
jean madeira (erda)
wolfgang windgassen (siegfried)
paul kuen (mime)
hans hotter (wanderer)
gustav neidlinger (alberich)
arnold van mill (fafner)

17 august 1956/**bayreuth festspielhaus**
wagner götterdämmerung
astrid varnay (brünnhilde)
gré brouwenstijn (gutrune)
jean madeira (waltraute)
wolfgang windgassen (siegfried)
hermann uhde (gunther)
josef greindl (hagen)
gustav neidlinger (alberich)

19 august 1956/**bayreuth festspielhaus**
wagner parsifal

23 august 1956/**bayreuth festspielhaus**
wagner parsifal

30 august 1956/**munich prinzregententheater**
wagner lohengrin

2 september 1956/**munich prinzregententheater**
strauss der rosenkavalier

4 september 1956/**munich prinzregententheater**
mozart die zauberflöte

9 september 1956/**munich prinzregententheater**
wagner die meistersinger von nürnberg

13 october 1956/**munich kongressaal des deutschen museums**
münchner philharmoniker
beethoven symphony 8/boccherini cello concerto/
brahms symphony 2
fritz kiskalt

17 october 1956/**basel stadtkasino**
münchner philharmoniker
programme and soloist as for 13 october 1956

18 october 1956/**ascona aula della scuola**
münchner philharmoniker
programme and soloist as for 13 october 1956

19 october 1956/**zürich tonhalle**
münchner philharmoniker
programme and soloist as for 13 october 1956

28 october 1956/**berlin staatsoper**
wagner die meistersinger von nürnberg

4 november 1956/**dresden schauspielhaus**
staatskapelle dresden
brahms symphony 3/schumann symphony 4

10 november 1956/**munich prinzregententheater**
wagner das rheingold

11 november 1956/**munich prinzregententheater**
wagner die walküre

15 november 1956/**munich prinzregententheater**
wagner siegfried

18 november 1956/**munich prinzregententheater**
wagner götterdämmerung

2 december 1956/**munich prinzregententheater**
wagner lohengrin

6 december 1956/**munich prinzregententheater**
beethoven fidelio

17 december 1956/**munich prinzregententheater**
mozart die zauberflöte

26 december 1956/**munich prinzregententheater**
strauss der rosenkavalier

1 january 1957/**munich prinzregententheater**
wagner die meistersinger von nürnberg

6 january 1957/**munich kongressaal des deutschen museums**
münchner philharmoniker
pfitzner scherzo for orchestra/brahms violin concerto/ schumann symphony 4
fritz sonnleitner

19 january 1957/**munich prinzregententheater**
nicolai die lustigen weiber von windsor

21 january 1957/**munich prinzregententheater**
nicolai die lustigen weiber von windsor

26-27 january 1957/**vienna musikverein**
wiener philharmoniker
bruckner symphony 5

29 january 1957/**munich prinzregententheater**
nicolai die lustigen weiber von windsor

2 february 1957/**munich prinzregententheater**
nicolai die lustigen weiber von windsor

7 february 1957/**munich prinzregententheater**
nicolai die lustigen weiber von windsor

16-17 february 1957/**paris théatre des champs-élysées**
orchestre des concerts du conservatoire
brahms programme
tragic overture/violin concerto/symphony 3
pierre nerini

23-24 february 1957/**paris théatre des champs-élysées**
orchestre des concerts du conservatoire
beethoven programme
coriolan overture/piano concerto 5/symphony 2
detlef kraus

2 march 1957/**munich prinzregententheater**
strauss der rosenkavalier

3 march 1957/**munich prinzregententheater**
nicolai die lustigen weiber von windsor

7 march 1957/**munich prinzregententheater**
beethoven fidelio

10 march 1957/**munich prinzregententheater**
wagner lohengrin

28 march 1957/**milan teatro alla scala**
wagner tristan und isolde
astrid varnay (isolde)
ira malaniuk (brangäne)
hans beirer (tristan)
paul schöffler (kurwenal)
josef greindl (marke)
dino mantovani (melot)

2 april 1957/**milan teatro alla scala**
wagner tristan und isolde

4 april 1957/**milan teatro alla scala**
wagner tristan und isolde

7 april 1957/**milan teatro alla scala**
wagner tristan und isolde

14-17 april 1957/**berlin hochschule für musik**
berliner philharmonisches orchester
brahms piano concerto 2/tchaikovsky symphony 6
claudio arrau

22 april 1957/**munich prinzregententheater**
strauss der rosenkavalier

26 april 1957/**munich prinzregententheater**
nicolai die lustigen weiber von windsor

may 1957/**paris théatre national de l'opéra**
wagner das rheingold
elsa cavelti (fricka)
ingeborg weiss (freia)
rut siewert (erda)
paul schöffler (wotan)
albrecht peter (donner)
josef traxel (froh)
ludwig suthaus (loge)
paul kuen (mime)
gustav neidlinger (alberich)
arnold van mill (fasolt)
ernst wiemann (fafner)

may 1957/**paris théatre national de l'opéra**
wagner die walküre

may 1957/**paris théatre national de l'opéra**
wagner siegfried

may 1957/**paris théatre national de l'opéra**
wagner götterdämmerung

26 july 1957/**bayreuth festspielhaus**
wagner das rheingold
georgine von milinkovic (fricka)
elisabeth grümmer (freia)
maria von ilosvay (erda)
hans hotter (wotan)
toni blankenheim (donner)
josef traxel (froh)
ludwig suthaus (loge)
gerhard stolze (mime)
gustav neidlinger (alberich)
arnold van mill (fasolt)
josef greindl (fafner)

27 july 1957/**bayreuth festspielhaus**
wagner die walküre
astrid varnay (brünnhilde)
birgit nilsson (sieglinde)
georgine von milinkovic (fricka)
ludwig suthaus (siegmund)
hans hotter (wotan)
josef greindl (hunding)

29 july 1957/**bayreuth festspielhaus**
wagner siegfried
astrid varnay (brünnhilde)
ilse hollweg (waldvogel)
maria von ilosvay (erda)
paul kuen (mime)
wolfgang windgassen (siegfried)
hans hotter (wanderer)
gustav neidlinger (alberich)
josef greindl (fafner)

31 july 1957/**bayreuth festspielhaus**
wagner götterdämmerung
astrid varnay (brünnhilde)
elisabeth grümmer (gutrune)
maria von ilosvay (waltraute)
wolfgang windgassen (siegfried)
hermann uhde (gunther)
josef greindl (hagen)
gustav neidlinger (alberich)

5 august 1957/**bayreuth festspielhaus**
wagner parsifal
astrid varnay (kundry)
ramon vinay (parsifal)
george london (amfortas)
josef greindl (gurnemanz)
toni blankenheim (klingsor)
arnold van mill (titurel)
maria von ilosvay (stimme von oben)

14 august 1957/**bayreuth festspielhaus**
wagner das rheingold
cast as for 26 july 1957

15 august 1957/**bayreuth festspielhaus**
wagner die walküre
cast as for 27 july 1957

16 august 1957/**bayreuth festspielhaus**
wagner siegfried
astrid varnay (brünnhilde)
ilse hollweg (waldvogel)
maria von ilosvay (erda)
bernd aldenhoff (siegfried)
hans hotter (wanderer)
gustav neidlinger (alberich)
josef greindl (fafner)

18 august 1957/**bayreuth festspielhaus**
wagner götterdämmerung
cast as for 31 july 1957

23 august 1957/**bayreuth festspielhaus**
wagner parsifal

3 september 1957/**munich prinzregententheater**
strauss der rosenkavalier
marianne schech (marschallin)
erika köth (sophie)
hertha töpper (octavian)
otto edelmann (sachs)
albrecht peter (faninal)
lorenz fehenberger (sänger)

10 september 1957/**munich prinzregententheater**
wagner die meistersinger von nürnberg

19-20 october 1957/**vienna musikverein**
wiener philharmoniker
schmidt variationen über ein husarenlied/schubert symphony 9

10 november 1957/**berlin staatsoper**
wagner das rheingold
margarete klose (fricka)
rudolf gonszar (wotan)

13 november 1957/**berlin staatsoper**
wagner die walküre
gertrud prob-prandl (brünnhilde)
margarete klose (fricka)
günther treptow (siegmund)
rudolf gonszar (wotan)
ludwig hofmann (hunding)

17 november 1957/**berlin staatsoper**
wagner siegfried
gertrud grob-prandl (brünnhilde)
günther treptow (siegfried)
rudolf gonszar (wanderer)

20 november 1957/**berlin staatsoper**
wagner götterdämmerung
gertrud prob-prandl (brünnhilde)
günther treptow (siegfried)
ludwig hofmann (hagen)

24 november 1957/**munich prinzregententheater**
wagner götterdämmerung

14 december 1957/**munich prinzregententheater**
nicolai die lustigen weiber von windsor

16 december 1957/**munich prinzregententheater**
beethoven fidelio

20 december 1957/**munich prinzregententheater**
nicolai die lustigen weiber von windsor

21 december 1957/**munich prinzregententheater**
wagner der fliegende holländer

25 december 1957/**munich prinzregententheater**
wagner lohengrin

29 december 1957/**munich prinzregententheater**
strauss der rosenkavalier

31 december 1957/**munich prinzregententheater**
nicolai die lustigen weiber von windsor

6 january 1958/**munich kongressaal des deutschen museums**
münchner philharmoniker
respighi second suite from ancient airs and dances/
strauss don quixote/brahms symphony 3
fritz kiskalt

10 february 1958/**munich kongressaal des deutschen museums**
bayerisches staatsorchester
schubert symphony 8/bruckner symphony 9

18 april 1958/**paris théatre national de l'opéra**
wagner tristan und isolde
astrid varnay (isolde)
hans beirer (siegfried)

25 april 1958/**paris théatre national de l'opéra**
wagner siegfried
astrid varnay (siegfried)
ilse hollweg (waldvogel)
denise scharley (erda)
hans beirer (siegfried)
paul kuen (mime)
sigurd björling (wanderer)
alois pernerstorfer (alberich)
josef greindl (fafner)
das rheingold and die walküre probably also performed in paris in april 1958

5 may 1958/**paris théatre national de l'opéra**
wagner götterdämmerung
astrid varnay (brünnhilde)
paula brivkalne (gutrune)
rita gorr (waltraute)
hans beirer (siegfried)
alfons herwig (gunther)
josef greindl (hagen)
alois pernerstorfer (alberich)

25 july 1958/**bayreuth festspielhaus**
wagner parsifal
régine crespin (kundry)
hans beirer (parsifal)
eberhard wächter (amfortas)
jerome hines (gurnemanz)
toni blankenheim (klingsor)
josef greindl (titurel)
maria von ilosvay (stimme von oben)

27 july 1958/**bayreuth festspielhaus**
wagner das rheingold
rita gorr (fricka)
elisabeth grümmer (freia)
maria von ilosvay (erda)
hans hotter (wotan)
erik saeden (donner)
sandor konya (froh)
gerhard stolze (mime)
fritz uhl (loge)
frans andersson (alberich)
ludwig weber (fasolt)
josef greindl (fafner)

28 july 1958/**bayreuth festspielhaus**
wagner die walküre
astrid varnay (brünnhilde)
leonie rysanek (sieglinde)
rita gorr (fricka)
jon vickers (siegmund)
hans hotter (wotan)
josef greindl (hunding)

30 july 1958/**bayreuth festspielhaus**
wagner siegfried
astrid varnay (brünnhilde)
dorothea siebert (waldvogel)
maria von ilosvay (erda)
wolfgang windgassen (siegfried)
gerhard stolze (mime)
hans hotter (wanderer)
frans andersson (alberich)
josef greindl (fafner)

1 august 1958/**bayreuth festspielhaus**
wagner götterdämmerung
astrid varnay (brünnhilde)
elisabeth grümmer (gutrune)
jean madeira (waltraute)
wolfgang windgassen (siegfried)
otto wiener (gunther)
josef greindl (hagen)
frans andersson (alberich)

6 august 1958/**bayreuth festspielhaus**
wagner parsifal

9 august 1958/**bayreuth festspielhaus**
wagner parsifal

13 august 1958/**bayreuth festspielhaus**
wagner das rheingold

14 august 1958/**bayreuth festspielhaus**
wagner die walküre

16 august 1958/**bayreuth festspielhaus**
wagner siegfried

18 august 1958/**bayreuth festspielhaus**
wagner götterdämmerung

20 august 1958/**bayreuth festspielhaus**
wagner parsifal

8-9 november 1958/**vienna musikverein**
wiener philharmoniker
haydn symphony 88/berger rondino giocoso/strauss
tod und verklärung/brahms symphony 3

13 november 1958/**bern kasino**
wiener philharmoniker
programme as for 8-9 november 1958

14 november 1958/**zürich tonhalle**
wiener philharmoniker
programme as for 8-9 november 1958

18 november 1958/**paris salle pleyel**
wiener philharmoniker
haydn symphony 88/berger rondino giocoso/strauss
4 letzte lieder/brahms symphony 3
sena jurinac

27 november 1958/**salzburg festspielhaus**
wiener philharmoniker
programme as for 8-9 november 1958

28 november 1958/**basel stadtkasino**
wiener philharmoniker
programme as for 8-9 november 1958

30 november 1958/**bozen teatro argentino**
wiener philharmoniker
programme as for 8-9 november 1958

4 january 1959/**munich prinzregententheater**
wagner tristan und isolde

6 january 1959/**munich kongressaal des deutschen museums**
münchner philharmoniker
brahms double concerto/schubert symphony 9
fritz sonnleitner
fritz kiskalt

17 january 1959/**munich prinzregententheater**
strauss der rosenkavalier

18 january 1959/**munich prinzregententheater**
wagner der fliegende holländer

27 january 1959/**munich kongressaal des deutschen museums**
münchner philharmoniker
prograame and soloists as for 6 january 1959

12 february 1959/**milan teatro alla scala**
wagner der fliegende holländer
birgit nilsson (senta)
rut siewert (mary)
hans hotter (holländer)
arnold van mill (daland)
howard vandenburg (erik)
murray dickie (steuermann)

16 february 1959/**milan teatro alla scala**
wagner der fliegende holländer
birgit nilsson (senta)
rut siewert (mary)
tomislav neralcic (holländer)
arnold van mill (daland)
howard vandenburg (erik)
murray dickie (steuermann)

21 february 1959/**milan teatro alla scala**
wagner der fliegende holländer
birgit nilsson (senta)
rut siewert (mary)
tomislav neralcic (holländer)
arnold van mill (daland)
ernst kozub (erik)
murray dickie (steuermann)

24 february 1959/**milan teatro alla scala**
wagner der fliegende holländer

1 march 1959/**milan teatro alla scala**
wagner der fliegende holländer

18-19 march 1959/**munich herkulessaal der residenz**
münchner philharmoniker
bruckner symphony 5

24 march 1959/**munich prinzregententheater**
wagner der fliegende holländer

1 april 1959/**munich prinzregententheater**
nicolai die lustigen weiber von windsor

7 april 1959/**munich prinzregententheater**
beethoven fidelio

17 april 1959/**paris théatre national de l'opéra**
wagner lohengrin
sandor konya (lohengrin)

2 may 1959/**paris théatre national de l'opéra**
wagner tannhäuser
hans beirer (tannhäuser)

11 may 1959/**munich prinzregententheater**
nicolai die lustigen weiber von windsor

17 may 1959/**munich prinzregententheater**
wagner die meistersinger von nürnberg

2 june 1959/**munich prinzregententheater**
wagner das rheingold

3 june 1959/**munich prinzregententheater**
wagner die walküre

5 june 1959/**munich prinzregententheater**
wagner siegfried

7 june 1959/**munich prinzregententheater**
wagner götterdämmerung

25 july 1959/**bayreuth festspielhaus**
wagner parsifal
martha mödl (kundry)
hans beirer (parsifal)
eberhard wächter (amfortas)
jerome hines (gurnemanz)
toni blankenheim (klingsor)
josef greindl (titurel)
ursula boese (stimme von oben)

31 july 1959/**bayreuth festspielhaus**
wagner parsifal

7 august 1959/**bayreuth festspielhaus**
wagner parsifal

13 august 1959/**bayreuth festspielhaus**
wagner parsifal

23 august 1959/**bayreuth festspielhaus**
wagner parsifal

27 august 1959/**munich prinzregententheater**
wagner tristan und isolde

2 september 1959/**munich prinzregententheater**
strauss der rosenkavalier

14 november 1959/**berlin staatsoper**
wagner das rheingold
margarete klose (fricka)
maria von ilosvay (erda)
rudolf gonszar (wotan)
erich witte (loge)
gerhard stolze (mime)
frans andersson (alberich)

15 november 1959/**berlin staatsoper**
wagner die walküre
helena braun (brünnhilde)
sigrid ekkehard (sieglinde)
margarete klose (fricka)
günther treptow (siegmund)
rudolf gonszar (wotan)
ludwig hofmann (hunding)

18 november 1959/**berlin staatsoper**
wagner siegfried
helena braun (brünnhilde)
maria von ilosvay (erda)
karl liebl (siegfried)
gerhard stolze (mime)
rudolf gonszar (wanderer)
frans andersson (alberich)

19 november 1959/**berlin staatsoper**
staatskapelle berlin
<u>wagner programme</u>
siegfried's rhine journey and funeral march/meistersinger overture/tristan prelude and liebestod

22 november 1959/**berlin staatsoper**
wagner götterdämmerung
helena braun (brünnhilde)
günther treptow (siegfried)
gerhard niese (gunther)
ludwig hofmann (hagen)
frans andersson (alberich)

27-28 november 1959/**dresden schauspielhaus**
staatskapelle dresden
haydn symphony 88/strauss tod und verklärung/
brahms symphony 2

2 december 1959/**munich prinzregententheater**
nicolai die lustigen weiber von windsor

5 december 1959/**munich prinzregententheater**
mozart die zauberflöte

11 december 1959/**munich prinztregententheater**
wagner tannhäuser

14 december 1959/**munich kongressaal des deutschen museums**
bayerisches staatsorchester
beethoven programme
leonore 3 overture/piano concerto 5/symphony 8
wilhelm backhaus

26 december 1959/**munich prinzregententheater**
strauss der rosenkavalier

31 december 1959/**munich prinzregententheater**
nicolai die lustigen weiber von windsor

6 january 1960/**munich kongressaal des deutschen museums**
münchner philharmoniker
mozart eine kleine nachtmusik/tchaikovsky nutcracker suite/brahms symphony 2

9 january 1960/**munich prinzregententheater**
strauss der rosenkavalier

17 january 1960/**munich prinzregententheater**
wagner der fliegende holländer

20-21 january 1960/**munich herkulessaal der residenz**
münchner philharmoniker
bruckner symphony 8

23 january 1960/**munich prinzregententheater**
wagner der fliegende holländer

13-14 february 1960/**vienna musikverein**
wiener philharmoniker
wagner siegfried idyll/bruckner symphony 3

18 february 1960/**linz diesterweg-schule**
wiener philharmoniker
programme as for 13-14 february 1960

28 february 1960/**munich prinzregententheater**
strauss der rosenkavalier

1 march 1960/**munich prinzregententheater**
nicolai die lustigen weiber von windsor
gerda sommerschuh (frau fluth)
lilian benningsen (frau reich)
lieslotte fölser (anna)
richard holm (fenton)
max proebstl (sir john)
gustav grefe (herr fluth)
kieth engen (herr reich)

14 march 1960/**hamburg musikhalle**
sinfonieorchester des norddeutschen rundfunks
beethoven programme
coriolan overture/piano concerto 5/symphony 8
paul badura-skoda

7 april 1960/**munich prinzregententheater**
beethoven fidelio

18 april 1960/**munich prinzregententheater**
strauss der rosenkavalier

23 april 1960/**munich prinzregententheater**
nicolai die lustigen weiber von windsor

6 may 1960/**paris théatre national de l'opéra**
wagner der fliegende holländer
astrid varnay (senta)
hans hotter (holländer)
hans beirer (erik)

20 may 1960/**paris théatre national de l'opéra**
beethoven fidelio
gré brouwenstijn (leonore)
hans beirer (florestan)

9 june 1960/**munich prinzregententheater**
nicolai die lustigen weiber von windsor

23 july 1960/**bayreuth festspielhaus**
wagner die meistersinger von nürnberg
elisabeth grümmer (eva)
elisabeth schärtel (magdalene)
wolfgang windgassen (stolzing)
gerhard stolze (david)
josef greindl (sachs)
theo adam (pogner)
ludwig weber (kothner)
karl schmitt-walter (beckmesser)

31 july 1960/**bayreuth festspielhaus**
wagner parsifal
régine crespin (kundry)
hans beirer (parsifal)
thomas stewart (amfortas)
josef greindl (gurnemanz)
gustav neidlinger (klingsor)
david ward (titurel)
rut siewert (stimme von oben)

10 august 1960/**bayreuth festspielhaus**
wagner die meistersinger von nürnberg

11 august 1960/**bayreuth festspielhaus**
wagner parsifal

13 august 1960/**bayreuth festspielhaus**
wagner die meistersinger von nürnberg

15 august 1960/**bayreuth festspielhaus**
wagner parsifal

21 august 1960/**bayreuth festspielhaus**
wagner die meistersinger von nürnberg

23 august 1960/**bayreuth festspielhaus**
wagner parsifal

25 august 1960/**bayreuth festspielhaus**
wagner die meistersinger von nürnberg

30 august 1960/**munich prinzregententheater**
strauss der rosenkavalier

1 september 1960/**munich prinzregententheater**
wagner tristan und isolde

15 october 1960/**munich prinzregententheater**
strauss der rosenkavalier

29 october 1960/**munich prinzregententheater**
beethoven fidelio

31 october 1960/**munich prinzregententheater**
nicolai die lustigen weiber von windsor

4 november 1960/**munich prinzregententheater**
nicolai die lustigen weiber von windsor

13 november 1960/**munich prinzregententheater**
wagner der fliegende holländer

26 november 1960/**munich prinzregententheater**
beethoven fidelio

30 november 1960/**munich prinzregententheater**
mozart die zauberflöte

5 december 1960/**munich prinzregententheater**
nicolai die lustigen weiber von windsor

14 december 1960/**munich prinzregententheater**
wagner der fliegende holländer

20 december 1960/**munich prinzregententheater**
beethoven fidelio

25 december 1960/**munich prinzregententheater**
wagner lohengrin

6 january 1961/**munich kongressaal des deutschen museums**
münchner philharmoniker
weber oberon overture/haydn cello concerto in d/
brahms symphony 3
fritz kiskalt

9 january 1961/**munich prinzregententheater**
wagner der fliegende holländer

10 january 1961/**munich prinzregententheater**
nicolai die lustigen weiber von windsor

20 january 1961/**munich prinzregententheater**
strauss der rosenkavalier

23 may 1961/**munich prinzregententheater**
nicolai die lustigen weiber von windsor

28 may 1961/**munich prinztregententheater**
wagner die meistersinger von nürnberg

1 june 1961/**munich prinzregententheater**
beethoven fidelio

5 july 1961/**munich prinzregententheater**
wagner der fliegende holländer

25 july 1961/**bayreuth festspielhaus**
wagner parsifal
irene dalis (kundry)
jess thomas (parsifal)
george london (amfortas)
hans hotter (gurnemanz)
gustav neidlinger (klingsor)
ludwig weber (titurel)
ursula boese (stimme von oben)

5 august 1961/**bayreuth festspielhaus**
wagner parsifal

14 august 1961/**bayreuth festspielhaus**
wagner parsifal

19 august 1961/**bayreuth festspielhaus**
wagner parsifal

9 october 1961/**munich prinzregententheater**
mozart die zauberflöte

13 october 1961/**munich prinzregententheater**
nicolai die lustigen weiber von windsor

21 october 1961/**munich prinzregententheater**
nicolai die lustigen weiber von windsor

28-29 october 1961/**vienna musikverein**
wiener philharmoniker
bruckner symphony 8

6 november 1961/**munich prinzregententheater**
mozart die zauberflöte

29 november 1961/**munich prinzregententheater**
mozart die zauberflöte

1 december 1961/**munich prinzregententheater**
wagner der fliegende holländer

20 december 1961/**munich prinzregententheater**
nicolai die lustigen weiber von windsor

25 december 1961/**munich prinzregententheater**
wagner lohengrin

6 january 1962/**munich kongressaal des deutschen museums**
münchner philharmoniker
wagner siegfried idyll/mozart clarinet concerto/
schumann symphony 4
wolfgang schröder

15 january 1962/**hamburg musikhalle**
sinfonieorchester des norddeutschen rundfunks
beethoven piano concerto 5/bruckner symphony 3
andor foldes

5 february 1962/**munich kongressaal des deutschen museums**
bayerisches staatsorchester
beethoven programme
coriolan overture/piano concerto 4/symphony 5
paul badura-skoda

17-18 february 1962/**vienna musikverein**
wiener philharmoniker
beethoven programme for the annual nicolai concert
symphony 2/symphony 3

2 march 1962/**frankfurt-am-main sendesaal dornbusch**
sinfonieorchester des hessischen rundfunks
haydn symphony 88/mozart piano concerto 20/
beethoven symphony 5
paul badura-skoda

12 april 1962/**munich prinzregententheater**
wagner der fliegende holländer

19 april 1962/**munich prinzregententheater**
beethoven fidelio

2 may 1962/**munich prinzregententheater**
mozart die zauberflöte

14 may 1962/**cologne senderraum**
sinfonieorchester des westdeutschen rundfunks
weber euryanthe overture/beethoven piano concerto 3/
brahms symphony 3
geza anda

20 may 1962/**munich prinzregententheater**
nicolai die lustigen weiber von windsor

22 may 1962/**munich prinzregententheater**
wagner der fliegende holländer

26 may 1962/**munich prinzregententheater**
wagner lohengrin

31 may 1962/**vienna theater an der wien**
wiener philharmoniker
beethoven leonore 3 overture/beethoven piano
concerto 4/wagner tristan prelude and liebestod
wilhelm backhaus
birgit nilsson

9 june 1962/**munich prinzregententheater**
nicolai die lustigen weiber von windsor

2 july 1962/**munich prinzregententheater**
mozart die zauberflöte

27 july 1962/**bayreuth festspielhaus**
wagner parsifal
irene dalis (kundry)
jess thomas (parsifal)
george london (amfortas)
hans hotter (gurnemanz)
gustav neidlinger (klingsor)
martti talvela (titurel)
ursula boese (stimme von oben)

5 august 1962/**bayreuth festspielhaus**
wagner parsifal

10 august 1962/**bayreuth festspielhaus**
wagner parsifal

21 august 1962/**bayreuth festspielhaus**
wagner parsifal

28 august 1962/**munich prinzregententheater**
wagner lohengrin

31 august 1962/**munich prinzregententheater**
wagner lohengrin

17 september 1962/**munich prinzregententheater**
mozart die zauberflöte

21 september 1962/**munich prinzregententheater**
beethoven fidelio

1 october 1962/**munich prinzregententheater**
nicolai die lustigen weiber von windsor

5 october 1962/**munich prinzregententheater**
beethoven fidelio

16 october 1962/**munich prinzregententheater**
mozart die zauberflöte

31 october 1962/**munich prinzregententheater**
wagner der fliegende holländer

18 november 1962/**munich prinzregententheater**
beethoven fidelio

24 november 1962/**munich prinzregententheater**
beethoven fidelio

3 december 1962/**munich kongressaal des deutschen museums**
bayerisches staatsorchester
beethoven programme
symphony 8/symphony 3

7 december 1962/**munich prinzregententheater**
mozart die zauberflöte

15-16 december 1962/**vienna musikverein**
wiener philharmoniker
haydn symphony 88/strauss tod und verklärung/
schumann symphony 4

20 december 1962/**munich prinzregententheater**
mozart die zauberflöte

6 january 1963/**munich kongressaal des deutschen museums**
münchner philharmoniker
wagner rienzi overture/beethoven piano concerto 3/
brahms symphony 2
andor foldes

9 january 1963/**munich prinzregententheater**
beethoven fidelio

14 january 1963/**munich prinzregententheater**
mozart die zauberflöte

23-24 january 1963/**munich herkulessaal der residenz**
münchner philharmoniker
bruckner symphony 8

3 february 1963/**munich prinzregententheater**
nicolai die lustigen weiber von windsor

11 february 1963/**munich prinzregententheater**
wagner der fliegende holländer

5 march 1963/**munich prinzregententheater**
mozart die zauberflöte

16 march 1963/**munich prinzregententheater**
beethoven fidelio

24 march 1963/**hamburg musikhalle**
sinfonieorchester des norddeutschen rundfunks
<u>wagner programme</u>
meistersinger overture and act 3 prelude/siegfried idyll/
tristan prelude and liebestod/götterdämmerung
brünnhilde's immolation
christa ludwig

10 april 1963/**berlin deutsche oper**
beethoven fidelio

13 april 1963/**berlin deutsche oper**
beethoven fidelio

16 april 1963/**berlin deutsche oper**
beethoven fidelio

19 april 1963/**berlin deutsche oper**
beethoven fidelio

10 may 1963/**cologne senderraum**
sinfonieorchester des westdeutschen rundfunks
brahms haydn variations/bruckner symphony 7

21 may 1963/**vienna theater an der wien**
wiener philharmoniker
wagner programme
siegfried idyll/die walküre act 1
claire watson (sieglinde)
fritz uhl (siegmund)
josef greindl (hunding)

27 june 1963/**munich prinzregententheater**
nicolai die lustigen weiber von windsor

6 july 1963/**munich prinzregententheater**
nicolai die lustigen weiber von windsor

24 july 1963/**bayreuth festspielhaus**
wagner parsifal
irene dalis (kundry)
wolfgang windgassen (parsifal)
george london (amfortas)
hans hotter (gurnemanz)
gustav neidlinger (klingsor)
heinz hagenau (titurel)
ruth hesse (stimme von oben)

1 august 1963/**bayreuth festspielhaus**
wagner parsifal

8 august 1963/**bayreuth festspielhaus**
wagner parsifal

16 august 1963/**bayreuth festspielhaus**
wagner parsifal

21 august 1963/**bayreuth festspielhaus**
wagner parsifal

2 september 1963/**munich prinzregententheater**
wagner lohengrin

15 november 1963/**stuttgart liederhalle**
sinfonieorchester des süddeutschen rundfunks
<u>brahms programme</u>
tragic overture/haydn variations/symphony 3

21 november 1963/**munich nationaltheater**
bayerisches staatsorchester
beethoven weihe des hauses overture
re-opening ceremony of the nationaltheater

16 december 1963/**munich kongressaal des deutschen museums**
münchner philharmoniker
<u>brahms programme</u>
tragic overture/haydn variations/symphony 3

6 january 1964/**munich kongressaal des deutschen museums**
münchner philharmoniker
beethoven piano concerto 5/schumann symphony 4
andor foldes

15-16 january 1964/**munich herkulessaal der residenz**
münchner philharmoniker
strauss tod und verklärung/bruckner symphony 3

22 january 1964/**munich nationaltheater**
beethoven fidelio

11-12 april 1964/**vienna musikverein**
wiener philharmoniker
brahms haydn variations/bruckner symphony 4

19 june 1964/**munich nationaltheater**
nicolai die lustigen weiber von windsor
colette lorand (frau fluth)
lilian benningsen (frau reich)
gertud freedman (anna)
klaus lange (fenton)
max proebstl (sir john)
karl schmitt-walter (herr fluth)
peter roth-ehrang (herr reich)

6 july 1964/**munich nationaltheater**
beethoven fidelio
ludmilla dvorakova (leonore)
hanny steffek (marzelline)
jess thomas (florestan)
friedrich lenz (jacquino)
gottlob frick (rocco)
heinz imdahl (pizarro)
raimund grumbach (fernando)

21 july 1964/**bayreuth festspielhaus**
wagner parsifal
barbro ericson (kundry)
jon vickers (parsifal)
hans hotter (gurnemanz)
thomas stewart (amfortas)
gustav neidlinger (klingsor)
heinz hagenau (titurel)
ruth hesse (stimme von oben)

29 july 1964/**bayreuth festspielhaus**
wagner parsifal

7 august 1964/**bayreuth festspielhaus**
wagner parsifal

13 august 1964/**bayreuth festspielhaus**
wagner parsifal

Der Reichskommissar für die besetzten norwegischen
Gebiete Abteilung Rundfunk.

Direksjon: Rudolf Rassmussen

Berliner
Philharmoniker
Konsert

Dirigent:
Generalmusikdirektör Prof.
Hans Knappertsbusch

Torsdag 6. april 1944 kl. 19.30 (Skjærtorsdag)
Universitetets Aula

I. Richard Wagner: Forspil «Die Meistersinger von Nürnberg»

II. Joseph Haydn: Symfoni nr. 13 G-dur
Adagio, Allegro
Largo
Menuetto
Finale-Allegro con spirito

III. Ludw. v. Beethoven: Symfoni nr. 5 C-moll
Allegro con brio
Andante con moto
Allegro

JOHANN SEBASTIAN BACH (1685-1750)

brandenburg concerto no 3
vienna   wiener   cd: tahra TAH 320-322
24 june   philharmoniker   cd: archipel ARPCD 0102
1944   *reichsrundfunk recording*

orchestral suite no 3
vienna   wiener   lp: private issue P 1017
24 june   philharmoniker   cd: music and arts CD 897/
1944   CD 4987
                                                   cd: tahra TAH 320-322
                                                   cd: archipel ARPCD 0102
                                                   cd: history 204 580
                                                   cd: documents 205 229
                                                   reichsrundfunk recording
                                                   issued in japan by seven seas

violin concerto in a minor
vienna   wiener   lp: private issue P 1017
1 july   philharmoniker   cd: music and arts CD 897/
1944   schneiderhan   CD 4987
                                                   cd: tahra TAH 320-322
                                                   cd: archipel ARPCD 0102
                                                   cd: membran 222 334
                                                   cd: documents 205 229
                                                   reichsrundfunk recording
                                                   issued in japan by seven seas

LUDWIG VAN BEETHOVEN (1770-1827)

symphony no 2

bremen 12 december 1952	philharmonisches staatsorchester	lp: hans-knappertsbusch-gesellschaft HK 1006-1007/HKV 2 cd: tahra TAH 216 cd: golden melodram GM 40040 cd: chaconne CHCD 1097 cd: andromeda ANDRCD 5017 cd: urania URN 22217 *issued in japan by seven seas*
vienna 17-18 february 1962	wiener philharmoniker	lp: hans-knappertsbusch-gesellschaft HK 1021-1022 *issued in japan by seven seas*

beethoven/symphony no 3 "eroica"

berlin 31 march- 1 april 1943	berliner philharmonisches orchester	78: electrola DB 7666-7671 lp: private issue P 1005/M 1008 cd: preiser 90976 cd: tahra TAH 311-312 cd: iron needle IN 1322 cd: documents 205 229
bremen 9 may 1951	philharmonisches staatsorchester	cd: tahra TAH 217 cd: originals SH 833 cd: andromeda ANDRCD 5017 cd: archipel ARPCD 0150 cd: urania URN 22217
munich 17 december 1953	münchner philharmoniker	lp: rococo 2067 lp: cetra LO 512/SLF 5001 cd: tahra TAH 294 cd: golden melodram GM 40040 cd: green hill GM 0020 cd: rediscover RED 38 *issued in japan by seven seas* *cetra, golden melodram and seven seas* *issues were incorrectly dated*
vienna 17-18 february 1962	wiener philharmoniker	cd: memories HR 4171-4173 cd: documents LV 903-904 cd: nuova era NE 2370-2372 cd: living stage LS 40351 48 *issued in japan by seven seas*

fragment from final movement of the eroica (berlin 1944) is also reported to exist on film from deutsche wochenschau

beethoven/symphony no 5

berlin 9 april 1956	berliner philharmonisches orchester	lp: hans-knappertsbusch-gesellschaft HK 1016-1017/HKV 1 cd: arkadia CD 723/CDGI 723 cd: originals SH 948 cd: chaconne CHCD 1001 cd: andromeda ANDRCD 5017 cd: tahra TAH 606-609 *issued in japan by seven seas*
frankfurt 2 march 1962	sinfonieorchester des hessischen rundfunks	lp: hans-knappertsbusch-gesellschaft HKV 14-15/HK 1016-1017 cd: tahra TAH 213 cd: golden melodram GM 40040 *issued in japan by seven seas*

versions of the fifth (and sixth) symphonies attributed to knappertsbusch and the staatskapelle dresden, published on lp privately and by seven seas, are now not considered to be genuine

symphony no 7

berlin
19 november
1929
	staatskapelle	78: parlophone E 11103-11107/
		    E 15211-15215 auto coupling
		78: odeon 0 6775-6779/
		    U 10048-10052 auto coupling
		lp: toshiba EAC 7009-7014/
		    GR 2305
		lp: emi 1C053 28932M
		cd: tahra TAH 309
		cd: documents 205 229
		cd: urania URN 22217

munich 25 december 1948	münchner philharmoniker	cd: urania SP 4202 cd: andromeda ANDRCD 5017
vienna 17 january 1954	wiener philharmoniker	lp:hans-knappertsbusch-gesellschaft HK 1010-1011 cd: golden melodram GM 40040 cd: refrain DR 92 0030 cd: chaconne CHCD 1007 *issued in japan by seven seas*

beethoven/symphony no 8

berlin 27 january 1952	berliner philharmonisches orchester	lp: movimento musica 08 001 cd: arkadia CD 723/CDGI 723 cd: tahra TAH 214-215 cd: chaconne CHCD 1005 cd: documents 205 229 cd: membran 222 334 cd: andromeda ANDRCD 5017 cd: urania URN 22217 *issued in japan by seven seas*
ascona 18 october 1956	münchner philharmoniker	cd: ermitage ERM 157 cd: aura 1652 cd: istituto discografico italiano IDIS 6485
munich 14 december 1959	bayerisches staatsorchester	cd: orfeo C385 961B *issued in japan by seven seas*
hamburg 14 march 1960	orchester des norddeutschen rundfunks	lp: private issue P 1011 lp: discocorp RR 375 cd: tahra TAH 132-135 *issued in japan by seven seas and columbia*

symphony no 9/concluding passage from final movement (4' 29")

berlin 18 april 1943	berliner philharmonisches orchester bruno-kittel-chor berger, höngen, ralf, watzke	cd: andromeda ANDRCD 5017 *presumably derives from unpublished newsreel film footage*

beethoven/piano concerto no 3

hamburg 15 january 1962	sinfonieorchester des norddeutschen rundfunks foldes	lp: longanesi GCL 64 cd: tahra TAH 132-135 cd: living stage LS 1001 *issued in japan by laudis; longanesi incorrectly named pianist as arrau*
cologne 14 may 1962	sinfonieorchester des westdeutschen rundfunks anda	cd: rare moth RM 419 *issued in japan by seven seas*

piano concerto no 4

vienna 17 january 1954	wiener philharmoniker backhaus	lp:hans-knappertsbusch-gesellschaft HK 1010-1011 cd: stradivarius STR 10002 cd: golden melodram GM 40040 cd: living stage LS 1001 cd: andromeda ANDRCD 5017 cd: urania URN 22262 cd: tahra TAH 606-509 *issued in japan by seven seas*
vienna 1-5 april 1954	wiener philharmoniker curzon	lp: decca LXT 2948/ECM 752/ ECS 752 lp: london (usa) LLP 1045/ CM 9108 cd: decca 467 1262/475 8202
vienna 31 may 1962	wiener philharmoniker backhaus	lp: baton 1002 dvd video: tdk CLHK 62 *issued in japan by seven seas*

beethoven/**piano concerto no 5 "emperor"**

vienna 10-15 june 1957	wiener philharmoniker curzon	lp: decca LXT 5391/SXL 2002/ 　　SPA 334 lp: decca (germany) 641 900 lp: london (usa) LLP 1757/ 　　CM 9217/CS 6010/ 　　JL 41020 cd: decca 421 6162/452 3022/ 　　467 1262/475 8202
munich 14 december 1959	bayerisches staatsorchester backhaus	cd: orfeo C385 961B
hamburg 14 march 1960	sinfonieorchester des norddeutschen rundfunks badura-skoda	lp: discocorp RR 483 lp: replica RPL 2476 cd: music and arts CD 241 cd: tahra TAH 132-135 cd: living stage LS 40351 52

a version of the concerto attributed to backhaus and knappertsbusch with the berlin philharmonic in 1953, and published by longanesi, foyer, laudis and living stage, is in fact conducted by joseph keilberth

die weihe des hauses, overture

munich 21 november 1963	bayerisches staatsorchester	lp: musenkranz GMV 14-15 *recorded at opening ceremony of* *re-built nationaltheater*

beethoven/**coriolan, overture**

berlin 6 november 1950	berliner philharmonisches orchester	cd: green hill GH 0006-0007 cd: tahra TAH 417-418 cd: archipel ARPCD 0150
vienna 17 january 1954	wiener philharmoniker	lp:hans-knappertsbusch-gesellschaft HK 1010-1011 cd: refrain DR 92 0030 cd: hosanna HOS 01 cd: golden melodram GM 40040 cd: living stage LS 1001 *issued in japan by seven seas*
hamburg 14 march 1960	sinfonieorchester des norddeutschen rundfunks	lp: musenkranz GMV 14-15 cd: refrain DR 92 0029 cd: tahra TAH 132-135

fidelio

munich   bayerisches   lp: westminster XWN 3319/
december   staatsorchester   WST 319/S 1003
1961   and chorus   lp: world records SOC 104-106
                        jurinac, stader,   cd: mca classics MCAD2 9809
                        peerce, dickie,   cd: westminster MVCW
                        ernster, guthrie,   14003-14005
                        neidlinger   cd: dg westminster 471 2042

some earlier issues omitted leonore 3 overture

beethoven/leonore no 3, overture

salzburg 8 august 1938	wiener philharmoniker	lp: melodram MEL 711 cd: preiser 90260/90389 cd: magic talent MT 4587 cd: documents 205 229 *reichsrundfunk recording; melodram issue was incorrectly dated 1949*
munich 7 april 1959	bayerisches staatsorchester	cd: golden melodram GM 40040 cd: living stage LS 1001
vienna 31 may 1962	wiener philharmoniker	lp: musenkranz GMV 14-15 cd: memories HR 4171-4173 cd: refrain DR 92 0030 cd: documents LV 929-930 cd: hosanna HOS 01 cd: living stage LS 40351 48 dvd video: tdk CLHK 62 *issued in japan by seven seas*

additional recorded version of the overture included in the complete performance of fidelio listed on previous page

THEODOR BERGER (1905-1992)
rondino giocoso for string orchestra

salzburg 27 august 1950	wiener philharmoniker	unpublished radio broadcast *österreichischer rundfunk*
vienna 9 november 1958	wiener philharmoniker	lp:hans-knappertsbusch-gesellschaft HK 1021-1022 cd: refrain DR 92 0029 cd: austrian radio CD 244

JOHANNES BRAHMS (1833-1897)
symphony no 2

berlin 26 march 1944	berliner philharmonisches orchester	lp: private issue M 1049 lp: discocorp RR 536 cd: arlecchino ARLA 98-102 cd: tahra TAH 320-322 cd: archipel ARPCD 0050 cd: urania SP 4207 *reichsrundfunk recording also issued on lp by melodiya*
geneva 30 june- 1 july 1947	suisse romande orchestra	78: decca K 1906-1910 cd: preiser 90189 cd: arlecchino ARLA 98-102 cd: grammofono AB 78845 cd: classica d'oro 1015 cd: documents 205 229
munich 13 october 1956	münchner philharmoniker	lp: private issue P 1014 lp: discocorp IGI 388 cd: golden melodram GM 40039 *issued in japan by seven seas; discocorp and golden melodram issues were incorrectly dated*
ascona 18 october 1956	münchner philharmoniker	cd: ermitage ERM 157 cd: aura 1652 cd: istituto dicografico italiano IDIS 6485 cd: andromeda ANDRCD 5066
dresden 27 november 1959	staatskapelle	lp:hans-knappertsbusch-gesellschaft HK 1018-1019 cd: chaconne CHCD 1008 cd: tahra TAH 303-304 *issued in japan by seven seas*

versions of the first and second symphonies attributed to knappertsbusch with staatskapelle dresden (symphony no 1) and wiener philharmoniker (symphony no 2) are now not considered to be genuine

brahms/**symphony no 3**

berlin 11-12 march 1942	berliner philharmonisches orchester	cd: preiser 90121 cd: tahra TAH 311-312 cd: arlecchino ARLA 98-102 cd: grammofono AB 78522 cd: documents 205 229 *unpublished electrola 78rpm recording*
baden baden 8 september 1944	berliner philharmonisches orchester	lp: private issue P 1003 lp: discocorp IGI 383 lp: melodiya D 06429-06430 cd: arlecchino ARLA 98-102 cd: tahra TAH 320-322 cd: green hill GH 0006-0007 cd: membran 222 334 cd: archipel ARPCD 0050 *issued in japan by seven seas* *lp issues were incorrectly dated 1942*

berlin
5-6
november
1950
	berliner
	philharmonisches
	orchester
		lp: hans-knappertsbusch-gesellschaft
		   HK 1020
		cd: chaconne CHCD 1005
		cd: rare moth RM 416
		cd: istituto discografico italiano
		   IDIS 6362
		cd: andromeda ANDRCD 5066
		issued in japan by seven seas

salzburg 26 july 1955	wiener philharmoniker	cd: golden melodram GM 40039 cd: rare moth RM 435 cd: orfeo C329 931B/C329 062B *issued in japan by seven seas; golden* *melodram incorrectly dated 1958*
dresden 4 november 1956	staatskapelle	cd: arkadia CD 724/CDGI 724 cd: tahra TAH 303-304 *issued in japan by seven seas*

brahms symphony no 3 concluded overleaf

brahms/symphony no 3/concluded

cologne 14 may 1962	sinfonieorchester des westdeutschen rundfunks	cd: refrain DR 91 00132 *issued in japan by seven seas*
stuttgart 15 november 1963	sinfonieorchester des süddeutschen rundfunks	lp:hans-knappertsbusch-gesellschaft HK 1008-1009/HKV 4-5 cd: refrain DR 93 00482 cd: rediscover RED 18 cd: hänssler classics 93177 *issued in japan by seven seas*

symphony no 4

bremen 12 december 1952	philharmonisches staatsorchester	cd: tahra TAH 216 cd: refrain DR 91 00062
cologne 8 may 1953	sinfonieorchester des westdeutschen rundfunks	lp: private issue P 1004 lp: discocorp RR 543 cd: originals SH 948 cd: arlecchino ARLA 98-102 cd: golden melodram GM 40039 cd: urania URN 22238 cd: andromeda ANDRCD 5066 cd: tahra TAH 606-609 *issued in japan by seven seas*

piano concerto no 1

berlin 6 november 1950	berliner philharmonisches orchester curzon	unpublished radio broadcast *rias berlin*

piano concerto no 2

salzburg 26 july 1955	wiener philharmoniker curzon	cd: rare moth RM 452 cd: orfeo C329 062B cd: golden melodram GM 40039 *golden melodram incorrectly dated 1957*
vienna 21-24 october 1957	wiener philharmoniker curzon	lp: decca LXT 5434/ECM 571/ ECS 571 lp: decca (germany) 642 141 cd: decca 460 9942 *issued in japan by seven seas*

brahms/double concerto

munich	münchner	cd: golden melodram GM 40039
6 january	philharmoniker	cd: arlecchino ARLA 98-102
1959	sonnleitner	cd:hans-knappertsbusch-gesellschaft
	kiskalt	HK 3005

issued in japan by seven seas

haydn variations

vienna	wiener	lp: decca LXT 5394/ECM 701/
10-15 june	philharmoniker	ECS 701
1959		lp: decca (germany) 641 981
		lp: london (usa) CM 9215/
		CS 6030/STS 15027
		cd: decca 2894 308792/440 6242/
		470 2542
		cd: andromeda ANDRCD 5066

cologne	sinfonieorchester	cd: refrain DR 91 00132
10 may	des westdeutschen	cd: rare moth RM 419
1963	rundfunks	cd: arlecchino ARLA 98-102
		cd: golden melodram GM 40039

stuttgart	sinfonieorchester	cd: refrain DR 91 00062
15 november	des süddeutschen	cd: hänssler classics 93177
1963	rundfunks	*issued in japan by seven seas*

academic festival overture

vienna	wiener	lp: decca LXT 5394/BR 3063/
10-15 june	philharmoniker	ECM 701/ECS 701
1959		lp: decca (germany) 641 981
		lp: london (usa) CM 9215/
		CS 6030/STS 15027
		cd: decca 2894 308792/440 6242/
		470 2542
		cd: andromeda ANDRCD 5066

also published by arelecchino and golden melodram but incorrectly described as a live performance

brahms/tragic overture

salzburg 26 july 1955	wiener philharmoniker	lp: hans-knappertsbusch-gesellschaft HKV 2 cd: orfeo C329 931B/C329 062B cd: golden melodram GM 40039 cd: arlecchino ARLA 98-102 *performed in memory of wilhelm furtwängler*

vienna
10-15 june
1959
	wiener
	philharmoniker
		lp: decca LXT 5394/ECM 701/
		    ECS 701
		lp: decca (germany) 641 981
		lp: london (usa) CM 9215/
		    CS 6030/STS 15027
		cd: decca 2894 308792/470 2542
		cd: andromeda ANDRCD 5066

stuttgart 15 november 1963	sinfonieorchester des süddeutschen rundfunks	lp: hans-knappertsbusch-gesellschaft HK 1008-1009/HKV 4-5 cd: refrain 91 00062 cd: rso stuttgart 1945-1985 cd: music and arts CD 1105

alto rhapsody

vienna
10-15 june
1959
	wiener
	philharmoniker
	akademiechor
	west
		lp: decca LXT 5394/ECM 701/
		    ECS 702
		lp: decca (germany) 641 981
		lp: london (usa) CM 9215/
		    CS 6030/STS 15027
		cd: decca 2894 308792/470 2542
		cd: andromeda ANDRCD 5066
		*also published by arlecchino and golden
		melodram but incorrectly described as a
		live performance*

ANTON BRUCKNER (1824-1896)

symphony no 3/schalk-loewe edition

vienna
1-3 april
1953
	wiener
	philharmoniker
		lp: decca LXT 2967/ECM 553/
		    ECS 553
		lp: decca (germany) BLK 21020
		lp: london (usa) LLP 1044/
		    CM 9107
		lp: everest SDBR 3300
		cd: london (japan) K35Y 1013
		cd: palladio PD 4111
		cd: andromeda ANDRCD 2511
		cd: testament SBT 1339

munich 11 october 1954	bayerisches staatsorchester	cd: music and arts CD 257/ CD 4257 cd: rediscover RED 37 cd: green hill GH 0019 cd: orfeo C576 021B cd: andromeda ANDRCD 9010 *issued in japan by seven seas*
vienna 14 february 1960	wiener philharmoniker	cd: private edition vienna
hamburg 15 january 1962	sinfonieorchester des norddeutschen rundfunks	lp: discocorp RR 496 cd: music and arts CD 1028 cd: tahra TAH 132-135 *issued in japan by seven seas*
munich 16 january 1964	münchner philharmoniker	lp:hans-knappertsbusch-gesellschaft HK 1002-1003 cd: chaconne CHCD 1002 cd: golden melodram GM 40008 cd: living stage LS 10032 *issued in japan by seven seas*

bruckner/symphony no 4 "romantic"/loewe edition

baden baden 8 september 1944	berliner philharmonisches orchester	lp: discocorp IGI 383 cd: music and arts CD 249/ CD 1028 cd: iron needle IN 1344 cd: grammofono AB 78563 cd: sirio 5300 13 cd: magic masters 37080 cd: preiser 90266 cd: tahra TAH 320-322 cd: documents 205 229 cd: cantus classics 500 190 cd: classica d'oro CDO 1006 cd: history 204 351 cd: archipel ARPCD 0044 cd: urania URN 22225 cd: andromeda ANDRCD 9010 *reichsrundfunk recording; earliest issues incorrectly dated berlin march 1944*

vienna
29 march–
1 april
1955
	wiener
	philharmoniker
		lp: decca LXT 5065-5066/
		   ECM 511/ECS 511
		lp: decca (germany) BLK 21020
		lp: london (usa) LLP 1250-1251/
		   CMA 7207
		cd: palladio PD 4105
		cd: andromeda ANDRCD 2502
		cd: testament SBT 1340

vienna 12 april 1964	wiener philharmoniker	lp:hans-knappertsbusch-gesellschaft HK 1004-1005 cd: nuova era NE 2205 cd: golden melodram GM 40008 cd: living stage LS 34718 *issued in japan by seven seas*

bruckner/symphony no 5/schalk edition

vienna	wiener	lp: decca LXT 5255-5256/
2-6 june	philharmoniker	ECM 530/ECS 530
1956		lp: decca (germany) BLK 21020
		lp: london (usa) LLP 1527-1528/
		CMA 7208/CSA 2205/
		STS 15121-15122
		cd: andromeda ANDRCD 2517/
		ANDRCD 9010
		cd: palladio PD 4114
		cd: decca 448 5812

munich	münchner	lp: movimento musica 02 008
19 march	philharmoniker	cd: frequenz 051 038
1959		cd: music and arts CD 1028/
		CD 1105
		cd: green hill GH 0005
		cd: golden melodram GM 40008
		cd: living stage LS 10002
		issued in japan by seven seas

symphony no 7

salzburg	wiener	lp: melodram MEL 711
30 august	philharmoniker	lp: discocorp RR 209
1949		cd: arkadia CD 712/CDGI 712
		cd: music and arts CD 209/
		CD 4209/CD 1028
		cd: preiser 90408
		cd: golden melodram GM 40008
		cd: documents 205 229
		cd: archipel ARPCD 0046
		cd: istituto discografico italiano
		IDIS 6316
		cd: cantus classics 500 190
		cd: orfeo C665 061B
		cd: andromeda ANDRCD 9010
		issued in japan by seven seas

cologne	sinfonieorchester	cd:hans-knappertsbusch-gesellschaft
10 may	des westdeutschen	HK 5001-5004
1963	rundfunks	cd: refrain DR 91 00132
		issued in japan by seven seas

first movement of the symphony, issued on a private lp and attributed to knappertsbusch, is not considered to be genuine

bruckner/symphony no 8/schalk-oberleitner edition

berlin 7-8 january 1951	berliner philharmonisches orchester	cd: arkadia CD 711/CDGI 711 cd: music and arts CD 4856/ CD 1028 cd: green hill GH 0006-0007 cd: tahra TAH 207-208 cd: membran 222 334 cd: andromeda ANDRCD 9010
munich 5 december 1955	bayerisches staatsorchester	cd: music and arts CD 266/ CD 4266 cd: orfeo C577 021B *issued in japan by seven seas*

vienna
28-29
october
1961
	wiener
	philharmoniker
		lp: discocorp IGI 375
		cd: memories HR 4171-4173
		cd: nuova era NE 2370-2372
		cd: golden melodram GM 40008
		cd: living stage LS 40351 48
		issued in japan by seven seas
		rehearsal fragment with short interview
		lp:hans-knappertsbusch-gesellschaft
		    HKS 9001
		cd:hans-knappertsbusch-gesellschaft
		    HK 5001-5004
		cd: tahra TAH 606-609

munich
january
1963
	münchner
	philharmoniker
		lp: westminster WST 235
		cd: mca classics MCAD 29825/
		    MVCW 14001-14002/
		    MCAD 80089
		cd: dg westminster 471 2112

munich
24 january
1963
	münchner
	philharmoniker
		lp:hans-knappertsbusch-gesellschaft
		    HK 1026-1027
		cd:hans-knappertsbusch-gesellschaft
		    HK 5001-5004
		cd: refrain DR 91 00052
		cd: rare moth RM 411-412
		cd: redisover RED 42
		issued in japan by seven seas

bruckner/symphony no 9/loewe edition

berlin 28-29 january 1950	berliner philharmonisches orchester	lp: melodram MEL 216 lp: longanesi GCL 56 cd: music and arts CD 219/ CD 1028 cd: foyer CDS 16004 cd: chaconne CHCD 1001 cd: green hill GH 0022 cd: tahra TAH 207-208 cd: archipel ARPCD 0034 cd: urania URN 22225 cd: andromeda ANDRCD 9010 *sender freies berlin recording;; issued in japan by seven seas; melodram incorrectly named orchestra as berlin rso*
berlin 30 january 1950	berliner philharmonisches orchester	cd: tahra TAH 417-418 *rias berlin recording*
munich 10 february 1958	bayerisches staatsorchester	cd:hans-knappertsbusch-gesellschaft HK 5001-5004 cd: arkadia CD 710/CDGI 710 cd: music and arts CD 4896 cd: golden melodram GM 40008 cd: orfeo C578 021B *issued in japan by seven seas*

PETER CORNELIUS (1824-1874)

der barbier von bagdad, overture

munich 1953	bayerisches staatsorchester	cd: refrain DR 92 0029

CLEMENS VON FRANCKENSTEIN (1875-1942)

variations on a theme by meyerbeer
berlin staatskapelle 78: grammophon 66120-66121
1925 cd: preiser 90389
*this recording (three sides) was coupled
with pfitzner palestrina act 1 prelude
conducted by the composer*

MIKHAIL GLINKA (1804-1857)

russlan and lyudmila, overture
berlin staatskapelle 78: odeon O 11875
21 april 78: parlophone R 1631/A 3766
1933 lp:hans-knappertsbusch-gesellschaft
  HK 1026-1027
cd: preiser 90183
*orchestra described on original issues
as grosses sinfonieorchester*

GEORG FRIEDRICH HAENDEL (1685-1759)

concerto grosso op 6 no 5
berlin berliner lp: discocorp RR 536
10 march philharmonisches cd: music and arts CD 4897
1944 orchester cd: documents 205 229
cd: archipel ARPCD 0102
*reichsrundfunk recording; issued in
japan by seven seas*

FRANZ JOSEF HAYDN (1732-1809)

symphony no 88

dresden 28 november 1959	staatskapelle	lp:hans-knappertsbusch-gesellschaft HK 1018-1019 cd: chaconne CHCD 1008 cd: tahra TAH 303-304

frankfurt   sinfonieorchester   cd: tahra TAH 213
2 march   des hessischen
1962   rundfunks

vienna   wiener   cd: refrain DR 92 0029
16 december   philharmoniker   *issued in japan by seven seas, but*
1962   *incorrectly dated 9 november 1958*

symphony no 92 "oxford"

berlin   staatskapelle   78: grammophon 66344-66346/
march   69783-69785 auto coupling
1925   cd: preiser 90389

haydn/symphony no 94 "surprise"

berlin 4 september 1928	staatskapelle	78: odeon 0 6695-6697 78: parlophone E 10844-10846 lp: private issue P 1009/M 1019 cd: wing WCD 37
berlin 30 october 1941	berliner philharmonisches orchester	78: electrola DB 5671-5673 cd: preiser 90121 cd: wing WCD 37 cd: music and arts CD 897/ CD 4897 cd: documents 205 229
berlin 2 february 1950	berliner philharmonisches orchester	lp: longanesi GCL 62 cd: music and arts CD 4896 cd: tahra TAH 214-215 cd: curcio CON 23 cd: membran 222 334 cd: istituto discografico italiano IDIS 6362 cd: archipel ARPCD 0120 *issued in japan by seven seas*

symphony no 100 "military"

berlin 10 april 1933	staatskapelle	78: odeon 0 11848-11851 78: parlophone R 1537-1540 78: victor M 199 lp: private issue P 1008/M 1019 cd: preiser 90183 cd: wing WCD 37

KAREL KOMZAK (1805-1905)

bad'ner mad'ln, waltz

vienna 31 january 1942	wiener philharmoniker	78: electrola DB 7710 cd: preiser 90236 cd: tahra TAH 311-312 cd: wing WCD 10 cd: documents 205 229 *original issue may have incorrectly described orchestra as berliner philharmonisches orchester*
berlin 2 february 1950	berliner philharmonisches orchester	lp: musenkranz GMV 16 cd: tahra TAH 214-215 cd: archipel ARPCD 0120
munich 20 march 1955	bayerisches staatsorchester	cd: melodram MEL 18033 cd: living stage LS 1005 cd: orfeo C426 981B *issued in japan by seven seas; also issued privately for friends of the munich prinzregententheater; melodram incorrectly described orchestra as münchner philharmoniker*

vienna
15-16
october
1957
	wiener
	philharmoniker
		lp: decca LXT 5420/BR 3043/
		    SXL 2016
		lp: telefunken ND 760/
		    641 767
		lp: london (usa) CS 6014/
		    STS 15264
		cd: decca 440 6242

JOSEPH LANNER (1801-1843)
die schönbrunner, waltz

munich	bayerisches	cd: melodram MEL 18033
20 march	staatsorchester	cd: living stage LS 1005
1955		cd: orfeo C426 981B

issued in japan by seven seas; also issued privately for friends of the munich prinzregententheater; melodram incorrectly described orchestra as münchner philharmoniker

FRANZ LISZT (1811-1886)
les préludes, symphonic poem

berlin	berliner	cd: archiphon ARC 110-111
4 january	philharmonisches	cd: tahra TAH 309
1941	orchester	cd: documents 205 229
		cd: andromeda ANDRCD 9010

reichsrundfunk recording

berlin	berliner	78: electrola DB 5691-5692
11-12 march	philharmonisches	lp: emi 1C137 54095-54099/
1942	orchester	RLS 768
		cd: emi CDF 300 0122
		cd: preiser 90976
		cd: grammofono AB 78845
		cd: classica d'oro CDO 1006

mazeppa, symphonic poem

berlin	staatskapelle	78: odeon O 11897-11899
11 april		78: parlophone R 1579-1581
1933		78: decca (usa) 20082-20084
		cd: preiser 90183
		cd: archiphon ARC 110-111
		cd: documents 205 229

orchestra described on original issues as grosses sinfonieorchester

ALBERT LORTZING (1801-1851)
undine, overture

berlin	staatskapelle	78: odeon 0 6842
10 april		78: parlophone E 11253
1933		lp: private issue P 1008/M 1017
		cd: preiser 90183

orchestra described on original issues as grosses sinfonieorchester

GUSTAV MAHLER (1860-1911)
kindertotenlieder, song cycle

berlin	berliner	cd: arkadia CD 710/CDGI 710
9 april	philharmonisches	cd: tahra TAH 606-609
1956	orchester	*issued in japan by seven seas*
	west	

FELIX MENDELSSOHN-BARTHOLDY (1809-1847)
meeresstille glückliche fahrt, overture

berlin	staatskapelle	odeon unpublished
10 april		*matrix numbers 8556-8557*
1933		*orchestra described for this session as grosses sinfonieorchester*

GIACOMO MEYERBEER (1791-1864)
gloire au grand dieu vengeur/les huguenots

berlin	staatskapelle	78: electrola EH 365
may	and chorus	78: hmv C 1861
1929	baumann	
	sung in german	

WOLFGANG AMADEUS MOZART (1756-1791)
symphony no 39
berlin   staatskapelle
1 october
1929

78: odeon 0 6735-6737
78: parlophone E 11003-11005/
     E 15202-15204 auto coupling
lp: private issue P 1006/M 1017
cd: toshiba SGR 3001-3003
cd: music and arts CD 4897
cd: archipel ARPCD 0078

symphony no 40
vienna   wiener
9 november   philharmoniker
1941

lp:hans-knappertsbusch-gesellschaft
     HK 1006-1007/HKV 3
cd: music and arts CD 4897
cd: preiser 90951
cd: archipel ARPCD 0078
reichsrundfunk recording

symphony no 41 "jupiter"
vienna   wiener
9 november   philharmoniker
1941

lp:hans-knappertsbusch-gesellschaft
     HK 1006-1007
cd: music and arts CD 4897
cd: preiser 90951
cd: urania SP 4202
cd: documents 205 229
reichsrundfunk recording

piano concerto no 20
frankfurt   sinfonieorchester
2 march   des hessischen
1962   rundfunks
     badura-skoda

cd: seven seas KICC 2376

mozart / clarinet concerto

berlin	berliner	lp: melodram MEL 216
30 march	philharmonisches	lp: longanesi GCL 48
1943	orchestra	*both issues incorrectly dated*
	bürkner	*1952-1956*

munich	münchner	lp: private issue P 1006
6 january	philharmoniker	cd: refrain DR 92 0025
1962	schröder	cd: living stage LS 1008
		issued in japan by seven seas

eine kleine nachtmusik

vienna	wiener	cd: tahra TAH 320-322
12 may	philharmoniker	cd: archipel ARPCD 0078
1940		*reichsrundfunk recording*

an incomplete 1939 performance with the wiener philharmoniker is understood to have been made on film but without showing conductor

six german dances k509

berlin	staatskapelle	78: odeon 0 11862
21 april		78: parlophone R 1561
1933		78: decca (usa) D 20057
		lp: private issue P 1006/M 1018
		cd: preiser 90183
		cd: archiphon ARC 110-111
		orchestra described on original issues
		as grosses sinfonieorchester

six german dances k600

berlin	staatskapelle	78: odeon 0 11863
21 april		78: parlophone R 1562
1933		78: decca (usa) D 20057
		lp: private issue M 1015
		cd: preiser 90183
		cd: archiphon ARC 110-111
		cd: wing WCD 10
		orchestra described on original issues
		as grosses sinfonieorchester

mozart/le nozze di figaro

den haag wiener cd: tahra TAH 573-574
15 october philharmoniker *dutch radio kro recording of guest*
1940 chorus *performance by vienna staatsoper;*
 reining, rutgers, *final section of act four missing*
 komarek, *from the recording*
 levko-antosch,
 schöffler, poell,
 normann
 sung in german

le nozze di figaro, act three

salzburg wiener lp: private issue M 1042
21 august philharmoniker cd: radio years RY 75
1939 chor der wiener cd: wing WCD 15
 staatsoper *reichsrundfunk recording*
 reining, rethy,
 rohs, cravcenko,
 pinza, stabile

a performance of le nozze di figaro overture, attributed to knappertsbusch
and published on the cd label rare moth, could not be authenticated

zum leiden bin ich auserkoren/die zauberflöte

vienna wiener cd: koch 3-1467-2/3-1822-2/
4 december philharmoniker 3-1151-2
1941 berger *hermann may recording*

ach ich fühl's es ist verschwunden/die zauberflöte

vienna wiener cd: koch 3-1467-2/3-1834-2/
4 december philharmoniker 3-1151-2
1941 reining *hermann may recording*

mozart/o isis und osiris/die zauberflöte

vienna	wiener	cd: koch 3-1467-2
4 december	philharmoniker	*hermann may recording*
1941	chor der wiener	
	staatsoper	

die strahlen der sonne vertreiben die nacht/die zauberflöte

vienna	wiener	cd: koch 3-1467-2/3-1851-2/
4 december	philharmoniker	3-1151-2
1941	chor der wiener	*hermann may recording*
	staatsoper	
	manowarda	

OTTO NICOLAI (1810-1849)
die lustigen weiber von windsor, overture

berlin	berliner	cd: tahra TAH 309
4 january	philharmonisches	cd: archiphon ARC 110-111
1941	orchester	*reichsrundfunk recording*

berlin	berliner	lp: musenkranz GMV 16
2 february	philharmonisches	cd: arkadia CD 723/CDGI 723
1950	orchester	cd: tahra TAH 214-215
		cd: documents 205 229
		cd: archipel ARPCD 0120

vienna	wiener	lp: decca LXT 5594/SXL 2239
15-17	philharmoniker	lp: decca (germany) BLK 21016/
february		SXL 21016
1960		lp: london (usa) CM 9253/
		CS 6192
		cd: decca 440 6242

HANS PFITZNER (1869-1949)
prelude to act one/palestrina
berlin	berliner	78: electrola DB 7677
1942	philharmonisches	lp: private issue M 1018
	orchester	cd: preiser 90260
		cd: magic talent 48096
		cd: tahra TAH 311-312
		cd: documents 205 229
		cd: archipel ARPCD 0102

scherzo for orchestra
munich	münchner	cd: seven seas KICC 2411
6 january	philharmoniker	
1957		

existence of a 1951 italian radio performance of the scherzo by knappertsbusch could not be confirmed

MAX REGER (1873-1916)
variations and fugue on a theme by mozart
vienna	wiener	cd: refrain DR 92 0029
1944	philharmoniker	*reichsrundfunk recording; issued in japan by seven seas*

OTTORINO RESPIGHI (1879-1936)
ancient airs and dances, second suite
munich	münchner	lp:hans-knappertsbusch-gesellschaft
6 january	philharmoniker	HK 1016-1017
1958		lp: musenkranz GMV 10
		issued in japan by seven seas

GIOACHINO ROSSINI (1792-1868)
guilleaume tell, overture
munich	bayerisches	78: homocord 4-8942
december	staatsorchester	lp: private issue M 1015
1928		cd: preiser 90389
		cd: wing WCD 40
		cd: archiphon ARC 110-111

FRANZ SCHMIDT (1874-1939)
variationen über ein husarenlied

vienna	wiener	cd: deutsche grammophon
20 october	philharmoniker	435 3282/435 3212
1957		

FRANZ SCHUBERT (1797-1828)
symphony no 8 "unfinished"

vienna	wiener	cd: urania SP 4207
7 march	philharmoniker	
1949		

berlin	berliner	lp: melodram MEL 216
29 january	philharmonisches	cd: chaconne CHCD 1001
1950	orchester	cd: tahra TAH 214-215
		cd: membran 222 334
		sender freies berlin recording;
		melodram incorrectly named
		orchestra as rso berlin

berlin	berliner	cd: tahra TAH 417-418
30 january	philharmonisches	*rias berlin recording*
1950	orchester	

munich	bayerisches	cd: refrain DR 91 0005
10 february	staatsorchester	cd: music and arts CD 4936
1958		cd: living stage LS 40351 52
		cd: orfeo C426 981B
		issued in japan by seven seas

symphony no 9 "great"

vienna	wiener	cd: deutsche grammophon
20 october	philharmoniker	435 3282/435 3212
1957		cd: music and arts CD 4936

munich	münchner	lp:hans-knappertsbusch-gesellschaft
6 january	philharmoniker	HK 1001
1959		

schubert/marche militaire, arranged by weingartner

munich	bayerisches	cd: melodram MEL 18003
20 march	staatsorchester	cd: living stage LS 1005
1955		cd: orfeo C426 981B

issued in japan by seven seas; also issued privately for friends of the munich prinzregententheater; melodram incorrectly described orchestra as münchner philharmoniker

vienna	wiener	lp: decca LXT 5594/SXL 2239
15-17	philharmoniker	lp: decca (germany) BLK 21016/ SXL 21016
february		lp: london (usa) CM 9253/ CS 6192/STS 15045
1960		cd: decca 440 6242/461 0042/ 466 2412/469 2892

1951 italian radio performance by knappertsbusch of schubert overture in the italian style could not be confirmed

ROBERT SCHUMANN (1810-1856)
symphony no 4

dresden	staatskapelle	cd: arkadia CD 724/CDGI 724
4 november		cd: fonoteam CD 74802
1956		cd: tahra TAH 606-609
		issued in japan by seven seas
munich	münchner	cd:hans-knappertsbusch-gesellschaft
6 january	philharmoniker	HK 3005
1962		cd: living stage LS 1008
		issued in japan by seven seas
vienna	wiener	cd: memories HR 4171-4173
16 december	philharmoniker	cd: nuova era NE 2370-2372
1962		cd: refrain DR 93 0048
		cd: documents LV 903-904
		cd: rediscover RED 18
		cd: living stage LS 40351 52
		issued in japan by seven seas

cello concerto

berlin	berliner	unpublished radio broadcast
27 january	philharmonisches	*rias berlin*
1950	orchester	
	fournier	

JEAN SIBELIUS (1865-1957)
violin concerto

berlin	berliner	unpublished radio broadcast
28 september	philharmonisches	*rias berlin*
1952	orchester	
	bronne	

JOHANN STRAUSS FATHER (1804-1849)
radetzky march

vienna	wiener	45: decca CEP 577
15-16	philharmoniker	45: decca (germany) VD 661
october		lp: decca LXT 5420/BR 3083/ SXL 2016
1957		
		lp: decca (germany) ND 760/ 641 767
		lp: london (usa) CS 6014/ STS 15264
		cd: decca 440 6242

JOHANN STRAUSS (1825-1899)
accelerationen, waltz

berlin	staatskapelle	78: electrola EH 123
16 february		78: hmv (austria) AN 130
1928		78: victor 56025
		lp: private issue M 1014
		cd: preiser 90236
		cd: wing WCD 10
		cd: tahra TAH 358-361
		cd: archiphon ARC 110-111
		cd: documents 205 229
vienna	wiener	lp: decca LXT 5420/SXL 2016/ SPA 73
15-16	philharmoniker	
october		lp: decca (germany) 641 767
1957		lp: london (usa) CS 6014/ STS 15264
		cd: decca 440 6242

j.strauss/aegyptischer marsch

munich bayerisches cd: melodram MEL 18033
20 march staatsorchester cd: curcio CON 17
1955 cd: living stage LS 1005
  cd: orfeo C426 981B
  *issued in japan by seven seas; also
  issued privately for friends of the
  munich prinzregententheater;
  melodram incorrectly described
  orchestra as münchner philharmoniker*

annen polka

munich bayerisches cd: melodram MEL 18033
20 march staatsorchester cd: curcio CON 17
1955 cd: living stage LS 1005
  cd: orfeo C426 981B
  *issued in japan by seven seas; also
  issued privately for friends of the
  munich prinzregententheater;
  melodram incorrectly described
  orchestra as münchner philharmoniker*

vienna wiener 45: decca CEP 577
15-16 philharmoniker 45: decca (germany) VD 661
october   lp: decca LXT 5420/SXL 2016/
1957   SPA 73
  lp: decca (germany) ND 760/
    641 767
  lp: london (usa) CS 6014/
    STS 15264
  cd: decca 440 6242

j.strauss/bei uns z' haus', waltz

berlin staatskapelle
21 april
1933

78: odeon O 11864
78: parlophone R 1804
78: decca (usa) D 20302
lp: private issue M 1014
cd: preiser 90236
cd:wing WCD 10
cd: tahra TAH 358-361

donauweibchen, waltz

berlin staatskapelle
15 february
1928

78: electrola EH 118
78: hmv (austria) AN 127
78: victor 50008
lp: private issue M 1014
lp: discocorp ATRA 1006
cd: preiser 90236
cd: wing WCD 10
cd: tahra TAH 358-361
cd: documents 205 229

die fledermaus, overture

berlin staatskapelle
5 september
1928

78: odeon O 6663/U 10043
lp: private issue M 1014
cd: preiser 90236
cd: wing WCD 10
cd: archiphon ARC 110-111
cd: documents 205 229
orchestra described on original issue as grosses sinfonieorchester

berlin berliner
2 february philharmonisches
1950 orchester

lp: musenkranz GMV 16
cd: curcio CON 17
cd: tahra TAH 214-215
cd: archipel ARPCD 0120

j.strauss/**freut euch des lebens, waltz**

berlin	staatskapelle	78: electrola EH 119
15-16		78: hmv (austria) AN 128
february		78: victor 50009
1928		lp: private issue M 1014
		cd: preiser 90236
		cd: wing WCD 10
		cd: tahra TAH 358-361
		cd: archiphon ARC 110-111
		cd: documents 205 229

g'schichten aus dem wienerwald, waltz

berlin	staatskapelle	78: electrola EH 120
16 february		78: hmv C 1828
1928		78: hmv (austria) AN 129
		cd: preiser 90236
		cd: wing WCD 10
		cd: tahra TAH 358-361
		cd: archiphon ARC 110-111
		cd: documents 205 229
munich	bayerisches	cd: melodram MEL 18033
20 march	staatsorchester	cd: curcio CON 17
1955		cd: living stage LS 1005
		cd: orfeo C426 981B
		issued in japan by seven seas; also issued privately for friends of the munich prinzregententheater; melodram incorrectly described orchestra as münchner philharmoniker
vienna	wiener	lp: decca LXT 5420/SXL 2016
15-16	philharmoniker	lp: decca (germany) ND 760/ 641 767
october		lp: london (usa) CS 6014/ STS 15264
1957		cd: deutsche grammophon 435 3352
		cd: decca 440 6242

j.strauss/**kusswalzer**
berlin staatskapelle
21 april
1933

78: odeon O 11865
78: parlophone R 1675
lp: private issue M 1014
cd: preiser 90236
cd: wing WCD 10
cd: tahra TAH 358-361

leichtes blut, polka
vienna wiener
31 january philharmoniker
1942

78: electrola DA 4487
lp: emi 1C147 30226-30227M
cd: preiser 90090/90116/
    90139/90236
cd: emi 764 2942/764 2992
cd: deutsche grammophon
    435 3352/459 7342
cd: iron needle IN 1314
cd: toshiba SGR 8228
cd: classica da capo 171 9142
cd: documents 205 229

vienna wiener
15-16 philharmoniker
october
1957

45: decca CEP 577
45: decca (germany) VD 661
lp: decca LXT 5420/SXL 2016/
    SPA 73
lp: decca (germany) 641 767
lp: london (usa) CS 6014/
    STS 15264
cd: decca 440 6242

rosen aus dem süden, waltz
munich bayerisches
20 march staatsorchester
1955

cd: melodram MEL 18033
cd: curcio CON 17
cd: living stage LS 1005
cd: orfeo C426 981B
*issued in japan by seven seas; also
issued privately for friends of the
munich prinzregententheater;
melodram incorrectly described
orchestra as münchner philharmoniker*

j.strauss/tausend und eine nacht, intermezzo

berlin	berliner	cd: curcio CON 17
20 january	philharmonisches	cd: green hill GH 0006-0007
1952	orchester	cd: tahra TAH 214-215

tahra incorrectly describes this piece as boldemann la danza

munich	bayerisches	cd: melodram MEL 18033
20 march	staatsorchester	cd: living stage LS 1005
1955		cd: orfeo C426 981B

issued in japan by seven seas; also issued privately for friends of the munich prinzregententheater; melodram incorrectly described orchestra as münchner philharmoniker

tritsch-tratsch polka

vienna	wiener	45: decca CEP 577
15-16	philharmoniker	45: decca (germany) VD 661
october		lp: decca LXT 5420/BR 3063/
1957		SXL 2016/SPA 73
		lp: decca (germany) 641 767
		lp: london (usa) CS 6014/
		STS 15264
		cd: decca 440 6242

JOHANN AND JOSEF STRAUSS
pizzicato polka

vienna 31 january 1942	wiener philharmoniker	78: electrola DA 4487 cd: preiser 90116/90139/ 90236 cd: emi 764 2942/764 2992 cd: toshiba SGR 8228 cd: documents 205 229
berlin 2 february 1950	berliner philharmonisches orchester	lp: musenkranz GMV 16 cd: curcio CON 17 cd: tahra TAH 214-215 cd: archipel ARPCD 0120
munich 20 march 1955	bayerisches staatsorchester	cd: orfeo C426 981B *issued in japan by seven seas*

RICHARD STRAUSS (1864-1949)
der bürger als edelmann, suite from the incidental music

salzburg 27 august 1950	wiener philharmoniker	unpublished radio broadcast *österreichischer rundfunk*
munich 16 december 1951	münchner philharmoniker	unpublished radio broadcast *bayerischer rundfunk*

don juan

paris 7-8 may 1956	conservatoire orchestra	lp: decca LXT 5239 lp: decca (germany) 641 939 lp: london (usa) LLP 1478/ CM 9160 cd: testament SBT 1338

don quixote

munich 6 january 1958	münchner philharmoniker kiskalt	lp: hans-knappertsbusch-gesellschaft HK 1016-1017 cd: golden melodram GM 40041 *issued in japan by seven seas*

strauss/**allein weh ganz allein!**/elektra

vienna	wiener	lp: teletheater 762 3589
30 september	philharmoniker	cd: koch 3-1467-2/3-1834-2/
1936	pauly	3-1151-2
		hermann may recording

orest! es rührt sich niemand/elektra

vienna	wiener	lp: teletheater 762 3589
30 september	philharmoniker	cd: koch 3-1467-2
1936	pauly	*hermann may recording*
	schipper	

vienna	wiener	cd: koch 3-1466-2/3-1151-2/
21 november	philharmoniker	3-1851-2
1941	rünger	*hermann may recording*

die überschwenglich guten götter sind's... to end of opera/elektra

vienna	wiener	cd: koch 3-1466-2
21 november	philharmoniker	*hermann may recording*
1941	h.konetzni	
	rünger	

waltz sequence/intermezzo

berlin	staatskapelle	78: odeon O 6788
4 september		78: parlophone E 10894
1928		lp: private issue M 1015
		cd: preiser 90260
		cd: wing WCD 10

strauss/der rosenkavalier

vienna	wiener	lp:hans-knappertsbusch-gesellschaft
16 november	philharmoniker	HK 1012-1015
1955	chor der wiener	cd: golden melodram GM 30025
	staatsoper	cd: rca/bmg 74321 694312/
	reining, güden,	74321 694282
	jurinac, terkal,	*excerpts*
	böhme, poell	cd: orfeo C684 062I
munich	bayerisches	lp: discocorp IGI 482
3 september	staatsorchester	lp: melodram MEL 102
1957	chor der bayerischen	cd: golden melodram GM 30058
	staatsoper	
	schech, köth,	
	töpper,	
	fehenberger,	
	edelmann, peter	

wie du warst, wie du bist/der rosenkavalier

vienna	wiener	cd: koch 3-1462-2
19 october	philharmoniker	*hermann may recording*
1936	hadrabova	
vienna	wiener	cd: koch 3-1467-2
14 december	philharmoniker	*hermann may recording, which also*
1936	flesch	*includes orchestral prelude*
vienna	wiener	lp: ed smith EJS 332
13 june	philharmoniker	lp: private issue M 1042
1937	novotna	cd: wing WCD 15
		hermann may recording

kann mich auch an ein mädel erinnern/der rosenkavalier

zürich	tonhalle-	78: decca (switzerland)
23 june	orchester	K 28164
1949	reining	lp: decca LX 3021
		lp: london (usa) LPS 109
		lp: preiser PR 9829
		cd: preiser 90083

strauss/heut' nachmittag werd' ich ihm einen laufer schicken/der rosenkavalier

vienna	wiener	lp: private issue M 1042
13 june	philharmoniker	lp: ed smith EJS 332
1937	h.konetzni	cd: wing WCD 15
	bokor	cd: koch 3-1467-2
		hermann may recording

orchestral postlude to end of act 1/der rosenkavalier

vienna	wiener	lp: private issue M 1042
22 april	philharmoniker	lp: ed smith EJS 332
1936		cd: wing WCD 15
		hermann may recording

ein ernster tag, ein grosser tag!/der rosenkavalier

vienna	wiener	lp: ed smith EJS 332
22 april	philharmoniker	cd: koch 3-1462-2
1936	michalski	*hermann may recording*
	madin	

mir ist die ehre widerfahren/der rosenkavalier

vienna	wiener	lp: private issue M 1042
22 april	philharmoniker	lp: ed smith EJS 332
1936	schumann	lp: teletheater 762 3589
	hadrabova	cd: wing WCD 15
		cd: koch 3-1462-2/3-1834-2/ 3-1151-2
		hermann may recording

vienna	wiener	cd: koch 3-1467-2
13 june	philharmoniker	*hermann may recording*
1937	schumann	
	bokor	

strauss/**leopold, wir geh'n!**/**der rosenkavalier**

vienna	wiener	lp: teletheater 762 3589
14 september	philharmoniker	cd: wing WCD 15
1936	sterneck	cd: koch 3-1467-2
		hermann may recording

vienna	wiener	lp: ed smith EJS 332
13 june	philharmoniker	*hermann may recording*
1937	krenn	

hab' mir's gelobt/der rosenkavalier

vienna	wiener	lp: teletheater 762 3589
22 april	philharmoniker	cd: koch 3-1462-2
1936	lehmann	*hermann may recording*
	schumann	
	hadrabova	

vienna	wiener	lp: ed smith EJS 332
13 june	philharmoniker	lp: private issue M 1042
1937	h.konetzni	cd: wing WCD 15
	schumann	*hermann may recording*
	bokor	

dance of the seven veils/salome

berlin	staatskapelle	78: odeon 0 6788
4 september		78: parlophone E 10894/ 57124
1928		78: decca (usa) D 25166
		lp: discocorp BWS 1060
		cd: preiser 90260

till eulenspiegels lustige streiche

berlin	staatskapelle	78: odeon 0 6772-6773
5 september		lp: private issue M 1017
1928		cd: preiser 90260
		cd: documents 205 229

strauss/**tod und verklärung**

paris 7-8 may 1956	conservatoire orchestra	lp: decca LXT 5239 lp: decca (germany) 641 939 lp: london (usa) LLP 1478/ CM 9160 cd: testament SBT 1338
dresden 28 november 1959	staatskapelle	lp: hans-knappertsbusch- gesellschaft HK 1018-1019 cd: fonoteam CD 74802 cd: pilz 260 934 cd: tahra TAH 303-304
vienna 16 december 1962	wiener philharmoniker	cd: memories HR 4171-4173 cd: nuova era NE 2370-2372 cd: living stage LS 40351 52 *issued in japan by seven seas*
munich 16 january 1964	münchner philharmoniker	lp: hans-knappertsbusch- gesellschaft HK 1002-1003 cd: refrain DR 92 0025 cd: golden melodram GM 40041 *issued in japan by seven seas*

PIOTR TCHAIKOVSKY (1840-1893)

casse noisette, ballet suite

berlin 2 february 1950	berliner philharmonisches orchester	lp: musenkranz GMV 16 cd: tahra TAH 214-215 cd: archipel ARPCD 0120

vienna
15-17
february
1960
	wiener
	philharmoniker
		lp: decca LXT 5594/
		    SXL 2239
		lp: decca (germany) BLK 21016/
		    SXL 21016/ND 760
		lp: london (usa) CM 9253/
		    CS 6192/STS 15045
		cd: decca 440 6242
		excerpts
		lp: decca 414 0771

MAX TRAPP (1887-1971)
concerto for orchestra

munich 11 october 1954	bayerisches staatsorchester	unpublished radio broadcast *bayerischer rundfunk*
berlin 8 april 1956	berliner philharmonisches orchester	unpublished radio broadcast *rias berlin*

GIUSEPPE VERDI (1813-1901)
grand march/aida

vienna april 1940	wiener philharmoniker	78: electrola DB 5608 lp: private issue M 1016 cd: preiser 90116 cd: toshiba SGR 8228 cd: grammofono AB 78555

RICHARD WAGNER (1813-1883)
der fliegende holländer

bayreuth
22 july
1955
	bayreuth festival
	orchestra
	and chorus
	varnay, schärtel,
	windgassen,
	uhde, traxel,
	weber
		lp: discocorp IGI 319
		lp: cetra LO 51/SLF 7013-7015
		lp: melodram MEL 550
		cd: arkadia CDLSMH 34021/
		    CDMP 421
		cd: music and arts CD 319/
		    CD 876
		cd: golden melodram GM 10028
		cd: urania URN 22271
		cd: walhall WLCD 0161
		excerpts
		lp: melodram MEL 094

wagner/der fliegende holländer, overture

berlin 1927	berliner philharmonisches orchester	78: grammophon 66830 78: cetra OR 5112-3 lp: deutsche grammophon LPEM 19 601 cd: preiser 90286 cd: archiphon ARC 110-111 cd: urania URN 22127

vienna
6-7 may
1953
	wiener
	philharmoniker
		lp: decca LXT 2822/LW 5102/
		    ACL 22/ECM 672/ECS 672
		lp: decca (germany) 220 032
		lp: london (usa) LLP 800/LD 9064/
		    CM 9069/B 19099
		cd: preiser 90699
		cd: decca 440 0622/475 3092
		cd: urania URN 22238
		cd: archipel ARPCD 0332

munich
november
1962
	münchner
	philharmoniker
		lp: westminster XWN 19055/
		    WST 17055/MCA 1413
		cd: mca classics MCAD 99811/
		    MVCW 18002

die frist ist um/der fliegende holländer

vienna
9-11 june
1958
	wiener
	philharmoniker
	london
		lp: decca LXT 5478/SXL 2068/
		    ADD 143/SDD 143/414 6101
		lp: decca (germany) BLK 16125
		lp: london (usa) 5348/OS 25044
		cd: decca 421 8772/425 7872/
		    440 3502/443 3802/
		    458 2382/467 9042

wagner/**götterdämmerung**

bayreuth 4 august 1951	bayreuth festival orchestra and chorus varnay, mödl, höngen, aldenhoff, uhde, weber, pflanzl	cd: testament SBT 4175 cd: golden melodram GM 10067 *excerpts* lp: private issue M 1043 cd: wing WCD 53 *wing excerpts were incorrectly dated 21 august 1951*
munich 1 september 1955	bayerisches staatsorchester chor der bayerischen staatsoper nilsson, rysanek, malaniuk, aldenhoff, uhde, frick, o.kraus	lp: melodram MEL 425 cd: orfeo C365 944B *excerpts* cd: melodram MEL 46106

wagner/götterdämmerung/concluded

bayreuth 17 august 1956	bayreuth festival orchestra and chorus varnay, madeira, brouwenstijn, windgassen, uhde, greindl, neidlinger	lp: melodram MEL 569 cd: music and arts CD 1009/ CD 4009 cd: golden melodram GM 1001 cd: orfeo C660 513Y *excerpts* cd: music and arts CD 319

bayreuth
18 august
1957
	bayreuth festival
	orchestra
	and chorus
	varnay, grümmer,
	ilosvay, windgassen,
	uhde, greindl,
	neidlinger
		lp: estro armonico EA 034
		lp: discocorp IGI 292
		lp: cetra LO 61/DOC 50/
		    GT 7043-7047
		lp: melodram MEL 579
		cd: music and arts CD 256
		cd: laudis LCD 44013/
		    LCD 154 021
		cd: golden melodram GM 1004

bayreuth 1 august 1958	bayreuth festival orchestra and chorus varnay, grümmer, madeira, windgassen, wiener, greindl, andersson	lp: melodram MEL 589 cd: arkadia CDLSMH 34044/ CDMP 444 cd: golden melodram GM 1005

wagner/dawn and rhine journey/götterdämmerung

vienna 12 may 1940	wiener philharmoniker	cd: acanta 44 2102 cd: tahra TAH 309 cd: archipel ARPCD 0347 cd: andromeda ANDRCD 9010 *reichsrundfunk recording*
vienna 31 january 1942	wiener philharmoniker	78: electrola DB 5699 cd: grammofono AB 78522/ AB 78678 cd: iron needle IN 1330 cd: preiser 90116 cd: toshiba SGR 8228 cd: urania URN 22127 cd: classica da capo 171 916 cd: classica d'oro CDO 1010 cd: documents 205 229

vienna
2-6 june
1956
	wiener
	philharmoniker
		lp: decca LXT 5249/LXT 5255/
		    LW 5320/BR 3063/SXL 2074/
		    ADD 426/SDD 426/GOM
		    581-582/GOS 581-582
		lp: london (usa) LLP 1528/LLP
		    1586/A 4229/CM 7208/
		    CSA 2205/OSA 1204/
		    STS 15122
		cd: decca 414 6252/448 5812/
		    452 8962
		cd: archipel ARPCD 0347

berlin 19 november 1959	staatskapelle	lp: private issue P 1015 lp: discocorp RR 535 cd: music and arts CD 257/ CD 4257 *issued in japan by seven seas*

wagner/siegfried's funeral march/götterdämmerung

vienna 31 january 1942	wiener philharmoniker	cd: preiser 90116 cd: grammofono AB 78522/ AB 78678 cd: documents 205 229 *unpublished electrola 78rpm recording*

vienna
2-6 june
1956
	wiener
	philharmoniker
		lp: decca LXT 5249/LXT 5255/
		    LW 5320/BR 3063/SXL 2074/
		    ADD 426/SDD 426/GOM
		    581-582/GOS 581-582
		lp: london (usa) LLP 1528/LLP
		    1586/A 4229/CM 7208/
		    CSA 2205/OSA 1204/
		    STS 15122
		cd: decca 414 6252/458 8962
		cd: archipel ARPCD 0347

berlin 19 november 1959	staatskapelle	lp: discocorp RR 535 cd: music and arts CD 257/ CD 4257 *issued in japan by seven seas*

welch licht leuchtet dort?/götterdämmerung

vienna 24 january 1937	wiener philharmoniker paalen, anday, achsel	cd: koch 3-1474-2 *hermann may recording*

dämmert der tag oder leuchtet die lohe?/götterdämmerung

vienna 19 june 1937	wiener philharmoniker szantho, anday, achsel	cd: koch 3-1474-2 *hermann may recording*
vienna 30 june 1943	wiener philharmoniker schürhoff, tutsek, h.konetzni	cd: koch 3-1467-2 cd: radio years RY 98 *hermann may recording*

wagner/**es ragt die burg....des zerbroch'nen speeres splitter/götterdämmerung**

vienna	wiener	cd: koch 3-1460-2
24 september	philharmoniker	*hermann may recording*
1938	bugarinovic, with, rethy	

vienna	wiener	cd: koch 3-1467-2
30 june	philharmoniker	cd: radio years RY 98
1943	schürhoff, tutsek, h.konetzni	*hermann may recording*

zu neuen taten, teurer helde!/götterdämmerung

vienna	wiener	cd: koch 3-1466-2
24 september	philharmoniker	*hermann may recording*
1938	rünger, pölzer	

vienna	wiener	cd: koch 3-1467-2
30 june	philharmoniker	cd: radio years RY 98
1943	a.konetzni, svanholm	*hermann may recording*

mehr gabst du wunderfrau....durch deine tugend allein/götterdämmerung

vienna	wiener	cd: koch 3-1474-2
24 january	philharmoniker	*hermann may recording*
1937	a.konetzni, lorenz	

frau sonne sendet lichte strahlen/götterdämmerung

vienna	wiener	cd: koch 3-1474-2
24 january	philharmoniker	*hermann may recording*
1937	helletsgruber, michalski, with	

wagner/siegfried! schlimmes wissen wir dir/götterdämmerung

vienna	wiener	cd: koch 3-1474-2
24 january	philharmoniker	*hermann may recording*
1937	helletsgruber,	
	michalski, with,	
	lorenz	

hoiho!...von des wurmes blut mir brannten die finger... in leid zu den wipfeln/götterdämmerung

vienna	wiener	cd: koch 3-1474-2
24 january	philharmoniker	*hermann may recording*
1937	chor der wiener	
	staatsoper	
	lorenz, destal,	
	prohaska	

vienna	wiener	cd: koch 3-1467-2
30 june	philharmoiker	cd: radio years RY 98
1943	svanholm, alsen	*hermann may recording*

her den ring!...schweigt eures jammers jauchzenden schwall/götterdämmerung

vienna	wiener	cd: koch 3-1474-2
19 june	philharmoniker	*hermann may recording*
1937	a.konetzni,	
	achsel, kipnis	

starke scheite schichtet mir dort!/götterdämmerung

hamburg	sinfonieorchester	lp: discocorp RR 535
24 march	des norddeutschen	cd: nuova era 013 6304
1963	rundfunks	cd: arkadia CD 730/CDGI 730
	ludwig	cd: documents LV 903
		cd: tahra TAH 132-135
		issued in japan by seven seas

zurück vom ring!/götterdämmerung

vienna	wiener	cd: koch 3-1474-2
24 january	philharmoniker	*hermann may recording*
1937	destal	

wagner/lohengrin, prelude

zürich 17 june 1947	tonhalle- orchester	78: decca K 1709 cd: preiser 90189/90389 cd: urania URN 22127 cd: membran 222 334 cd: documents 205 229 cd: archipel ARPCD 0347 cd: urania URN 22238

munich
november
1962
	münchner
	philharmoniker
		lp: westminster XWN 19055/
		    WST 17055/MCA 1413
		cd: mca classics MCAD 99811/
		    MCAD 80089/MVCW 18002
		cd: theorema TH 121 125
		cd: dg westminster 471 2112

lohengrin, act three prelude

berlin 1928	berliner philharmonisches orchester	78: grammophon 27185 cd: preiser 90286
london 31 december 1947- 3 january 1948	london philharmonic	78: decca K 1821 78: london (usa) LA 181 lp: private issue P 1008/M 1021 cd: preiser 90189 cd: wing WCD 23 cd: urania URN 22127 cd: archipel ARPCD 0347

einsam in trüben tagen/lohengrin

vienna
13-15 may
1956
	wiener
	philharmoniker
	flagstad
		lp: decca LXT 5249/LXT 6042/
		    SXL 6042/ADD 212/SDD
		    212/ECS 825/GRV 11
		lp: london (usa) LLP 1533/
		    CS 5259
		cd: decca 421 8772/440 4952/
		    440 4902/458 2382/468 4862

wagner/**heil könig heinrich!...nie sollst du mich befragen/lohengrin**

vienna	wiener	lp: teletheater 762 3589
19 december	philharmoniker	cd: koch 3-1467-2
1936	chor der wiener	cd: radio years RY 98
	staatsoper	*hermann may recording*
	teschemacher,	
	kötter, alsen	

du kündest nun dein wahr' gesicht...durch gottes sieg ist jetzt dein leben mein!/lohengrin

vienna	wiener	cd: koch 3-1451-2
8 october	philharmoniker	*hermann may recording*
1936	helletsgruber,	
	a.konetzni, ralf,	
	hofmann, schipper	

was er verbirgt, wohl brächt' es ihm gefahren/lohengrin

vienna	wiener	cd: koch 3-1467-2
19 december	philharmoniker	cd: radio years RY 98
1936	teschemacher,	*hermann may recording*
	a.konetzni, kötter,	
	alsen	

du ärmste kannst wohl nie ermessen/lohengrin

vienna	wiener	cd: koch 3-1467-2/3-1822-2/
19 december	philharmoniker	3-1151-2
1936	teschemacher,	cd: radio years RY 98
	a.konetzni	*hermann may recording*

wagner/die meistersinger von nürnberg

vienna	wiener	lp: decca LXT 2659-2654/
2-9	philharmoniker	GOM 535-539
september	chor der wiener	lp: decca (germany) NAD 25035
1950 (act 2)	güden, schürhoff,	lp: london (usa) A 4601/
and 11-20	treptow, dermota,	RS 65002
september	schöffler, dönch,	cd: decca 440 0572
1951	edelmann	cd: naxos 811 1128-1131
(acts 1 & 3)		

act one only
lp: decca LXT 2646-2647
act two only
78: decca (switzerland) K 28385-28392/K 53046-53053 auto coupling
lp: decca LXT 2560-2561
act three only
lp: decca LXT 2648-2650
excerpts
78: decca K 1731
78: decca (switzerland) K 28573-28574
lp: decca LXT 5544/LW 5038/LW 5082/LW 5101/LW 5103/BR 3089/ECS 812/414 4531
cd: decca 452 6922

wagner/die meistersinger von nürnberg/concluded

bayreuth 17 august 1952	bayreuth festival orchestra and chorus della casa, malaniuk, hopf, unger, edelmann, böhme, pflanzl, faulhaber	lp: melodram MEL 522 cd: arkadia CDLSMH 34040/ CDMP 440 cd: music and arts CD 1014 cd: golden melodram GM 10003 cd: archipel ARPCD 0111
munich 11 september 1955	bayerisches staatsorchester chor der bayerischen staatsoper della casa, töpper, hopf, kuen, frantz, frick, pflanzl, peter	lp:hans-knappertsbusch-gesellschaft HK 3001-3004 cd: orfeo C462 974B *issued in japan by seven seas*
bayreuth 23 july 1960	bayreuth festival orchestra and chorus grümmer, schärtel, windgassen, stolze, greindl, adam, schmitt-walter	lp: melodram MEL 602 cd: melodram MEL 46103 cd: golden melodram GM 10029

wagner/die meistersinger von nürnberg, overture

berlin
1927
	berliner
	philharmonisches
	orchester
		78: grammophon 66698
		78: cetra RR 8031/OR 5025
		78: decca CA 8018
		lp: deutsche grammophon
		    LPEM 19601/88031/
		    2740 259
		cd: preiser 90286
		cd: iron needle IN 1330
		cd: archiphon ARC 110-111
		cd: classica d'oro CDO 1010

geneva 1 july 1947	suisse romande orchestra	78: decca K 1905 78: london (usa) T 5124 cd: preiser 90189 cd: urania URN 22127 cd: documents 205 229 cd: membran 222 334 cd: archipel ARPCD 0347
berlin 10 november 1959	staatskapelle	lp: discocorp RR 388

munich
november
1962
	münchner
	philharmoniker
		lp: westminster XWN 19055/
		    WST 17055/MCA 1413
		cd: mca classics MCAD 99811/
		    MVCW 18001
		cd: theorema TH 121 125

hamburg 24 march 1963	sinfonieorchester des norddeutschen rundfunks	cd: nuova era 013 6304 cd: arkadia CD 730/CDGI 730/ CDLSMH 34051/CDMP 451 cd: documents LV 903 cd: tahra TAH 132-135

wagner/die meistersinger von nürnberg, act 3 prelude

berlin 1927	berliner philharmonisches orchester	78: grammophon 66780 lp: deutsche grammophon LPEM 19 601/88 031 cd: preiser 90286 cd: iron needle IN 1330 cd: grammofono AB 78678 cd: urania URN 22127 cd: archiphon ARC 110-111
london 31 december 1947- 3 january 1948	london philharmonic	78: decca AK 2209-2210
hamburg 24 march 1963	sinfonieorchester des norddeutschen rundfunks	cd: nuova era 013 6304 cd: arkadia CD 730/CDGI 730/ CDLSMH 34051/CDMP 451 cd: tahra TAH 132-135

die meistersinger von nürnberg, dance of the apprentices

berlin 1927	berliner philharmonisches orchester	78: grammophon 66705 lp: deutsche grammophon LPEM 19 601/LPEM 19 078/88 031 cd: preiser 90286 cd: iron needle IN 1330 cd: grammofono AB 78678 cd: urania URN 22127 cd: archiphon ARC 110-111
london 31 december 1947- 3 january 1948	london philharmonic	78: decca AK 2209-2210

wagner/die meistersinger von nürnberg, entry of the masters

london 31 december 1947- 3 january 1948	london philharmonic	78: decca AK 2209-2210

was sollte man da noch hören?/die meistersinger von nürnberg

vienna 19 october 1936	wiener philharmoniker chor der wiener staatsoper kalenberg, hofmann, alsen, wiedemann	cd: koch 3-1460-2 *hermann may recording*

was duftet doch der flieder?/die meistersinger von nürnberg

berlin 1927	berliner philharmonisches orchester scheidl	78: grammophon 66671/67103 78: decca LY 6140 lp: preiser LV 56 cd: preiser 89156
zürich 18 june 1947	tonhalle- orchester schöffler	78: decca K 1731 78: london (usa) T 5451 cd: preiser 90190 cd: dutton CDLX 7034

vienna
9-11 june
1958
	wiener
	philharmoniker
	london
		45: decca CEP 601/SEC 5032
		lp: decca LXT 5478/SXL 2068/
		    ADD 143/SDD 143/
		    414 6101
		lp: decca (germany) BLK 16125
		lp: london (usa) 5348/
		    OS 25044
		cd: decca 425 7872/458 2382/
		    467 9042

wagner/guten abend meister!/die meistersinger von nürnberg

zürich	tonhalle-	78: decca X 312
18 june	orchester	78: decca (switzerland)
1947	reining, schöffler	K 28166
		lp: decca LX 3021
		lp: london (usa) LPS 109
		lp: preiser PR 9829
		cd: preiser 90083/90190

wahn! wahn!/die meistersinger von nürnberg

vienna	wiener	45: decca CEP 601/SEC 5032
9-11 june	philharmoniker	lp: decca LXT 5478/SXL 2068/
1958	london	ADD 143/SDD 143/
		414 6101
		lp: decca (germany) BLK 16125
		lp: london (usa) 5348/
		OS 25044
		cd: decca 425 7872/458 2382/
		467 9042

o sachs mein freund!/die meistersinger von nürnberg

zürich	tonhalle-	decca unpublished
18 june	orchester	
1947	reining, schöffler	

selig wie die sonne/die meistersinger von nürnberg

vienna	wiener	cd: koch 3-1460-2
19 october	philharmoniker	*hermann may recording*
1936	mansinger,	
	thorborg,	
	kalenberg, sallaba,	
	hofmann	

wagner/**parsifal**

bayreuth 30 july- 25 august 1951	bayreuth festival orchestra and chorus mödl, windgassen, london, weber, uhde, van mill	lp: decca LXT 2651-2656/ 　　GOM 504-598/411 7861 lp: london (usa) LLPA 10/ 　　A 4602/RS 65001 cd: teldec 9031 760742 cd: membran 222 185 cd: history 205 087 cd: cantus classics 500 237-238 cd: naxos 811 0221-0224 *excerpts* 78: decca (switzerland) SX 　　63018-63030 lp: decca (germany) ND 523/ 　　BLK 16505 lp: discocorp IGI 379 *discocorp excerpts incorrectly described as bayreuth 1933; issue of the complete work also announced on cd by decca but not published*
bayreuth 1 august 1952	bayreuth festival orchestra and chorus mödl, windgassen, london, weber, uhde, böhme	cd: golden melodram GM 10051 cd: archipel ARPCD 0112 *excerpts issued under pseudonyms by allegro-elite and gramophone (usa)*
bayreuth 17 august 1954	bayreuth festival orchestra and chorus mödl, windgassen, hotter, greindl, neidlinger, adam	cd: golden melodram GM 10053 cd: archipel ARPCD 0283 *excerpts* lp: melodram MEL 583/ 　　MEL 643 cd: tahra TAH 606-609 *excerpts also issued in japan by seven seas*

wagner/parsifal/continued

bayreuth 16 august 1955	bayreuth festival orchestra and chorus mödl, vinay, fischer-dieskau, weber, neidlinger, uhde	unpublished radio broadcast *bayerischer rundfunk*
bayreuth 19 august 1956	bayreuth festival orchestra and chorus mödl, vinay, fischer-dieskau greindl, blankenheim, hotter	lp: cetra LO 79 lp: melodram MEL 563 cd: arkadia CDLSMH 34035/ CDMP 435 cd: golden melodram GM 10062 cd: walhall WLCD 0192 *excerpts* lp: longanesi GML 43 *longanesi incorrectly dated july 1956*
bayreuth 25 july 1958	bayreuth festival orchestra and chorus crespin, beirer, wächter, hines, blankenheim, greindl	lp: melodram MEL 583 cd: golden melodram GM 10058
bayreuth 7 august 1959	bayreuth festival orchestra and chorus mödl, beirer, wächter, hines, blankenheim, greindl	cd: golden melodram GM 10070 *opening scenes inadvertently published by arkadia and rca/bmg in a performance conducted by karajan in vienna (rca/bmg later corrected the error); rehearsal performance of transformation music (orchestra) also filmed by bayerisches fernsehen*

wagner/parsifal/continued

bayreuth 31 july 1960	bayreuth festival orchestra and chorus crespin, beirer, stewart, greindl, neidlinger, ward	lp: melodram MEL 018/MEL 603 cd: gala 100 655 *excerpts* lp: rodolphe RP 12445-12446 cd: rodolphe RPC 32445-32446
bayreuth 25 july 1961	bayreuth festival orchestra and chorus dalis, thomas, london, hotter, neidlinger, weber	cd: golden melodram GM 10049 *this issue dated 5 august 1961*

bayreuth
27 july-
21 august
1962
	bayreuth festival
	orchestra
	and chorus
	dalis, thomas,
	london, hotter,
	neidlinger, talvela
		lp: philips A02342-02346L/
		    835 220-224AY/AL 3475-3479/
		    SAL 3475-3479/6723 001/
		    6747 242/6747 250
		lp: philips (usa) PHM 5550/
		    PHS 5950
		cd: philips 416 3902/464 7562

wagner/parsifal/concluded

bayreuth 24 july 1963	bayreuth festival orchestra and chorus dalis, thomas, london, hotter, neidlinger, hagenau	cd: golden melodram GM 10034
bayreuth 21 july 1964	bayreuth festival orchestra and chorus ericson, vickers, stewart, hotter, neidlinger, hagenau	unpublished radio broadcast *bayerischer rundfunk; according to franz braun the radio tapes were defective and had to be replaced by the 13 august recording*
bayreuth 13 august 1964	bayreuth festival orchestra and chorus ericson, vickers, stewart, hotter, neidlinger, hagenau	lp: melodram MEL 643 cd: arkadia CDLSMH 34051/ CDMP 451 cd: golden melodram GM 10004 *final conducting appearance of hans knappertsbusch*

parsifal, act three

berlin 31 march 1942	städtische oper orchestra and chorus larcen, hartmann, weber, reinmar	lp: acanta DE 23 036 cd: acanta 44 2100 cd: preiser 90261 cd: grammofono AB 78555 cd: music and arts CD 1067 *excerpts* lp: acanta 40 23502 *concert performance for reichsrundfunk*

wagner/parsifal, prelude

vienna 6 april 1939	wiener philharmoniker	cd: koch 3-1452-2 *hermann may recording*
berlin 31 march 1942	städtische oper orchestra	lp: acanta DE 23 036 cd: acanta 44 2100 cd: urania URN 22 127 cd: tahra TAH 417-418 cd: membran 222 334 cd: documents 205 229 cd: archipel ARPCD 0347 cd: andromeda ANDRCD 9010 *reichsrundfunk recording; issued in japan by seven seas*

vienna
23-24 june
1950
	wiener
	philharmoniker
		78: decca (switzerland)
		   K 28359-28360
		lp: decca LX 3036
		lp: london (usa) LLP 451/
		   LPS 287
		cd: decca 440 0622/475 3092
		cd: preiser 90699
		cd: archipel ARPCD 0332

munich
november
1962
	münchner
	philharmoniker
		lp: westminster XWN 19055/
		   WST 17055/MCA 1413
		cd: mca classics MCAD 80089/
		   MCAD 99811/MVCW 18002
		cd: theorema TH 121 125
		cd: dg westminster 471 2112

the cd label rare moth also claims to have published a performance of the prelude conducted by knappertsbusch with münchner philharmoniker

parsifal, act three prelude

vienna 6 april 1939	wiener philharmoniker	cd: koch 3-1452-2 *hermann may recording*

wagner/**vom bade kehrt der könig heim..verwandlungs-
musik/parsifal**

berlin
1927
	berliner
	philharmonisches
	orchester
		78: grammophon 66700
		lp: deutsche grammophon
		    LPEM 19 601/88 031/
		    2721 113/2740 259
		cd: preiser 90286
		cd: iron needle IN 1330
		cd: archiphon ARC 110-111
		cd: urania URN 22 127
		cd: classica d'oro CDO 1010

vienna 1 november 1937	wiener philharmoniker alsen chor der wiener staatsoper	cd: koch 3-1463-2 *hermann may recording*
vienna 6 april 1939	wiener philharmoniker alsen chor der wiener staatsoper	cd: koch 3-1452-2 *hermann may recording*

vienna
23-24 june
1950
	wiener
	philharmoniker
		78: decca (switzerland)
		    K 28359-28360
		lp: decca LX 3036
		lp: london (usa) LLP 451/
		    LPS 287
		cd: preiser 90699
		cd: private edition vienna

wagner/lass' ihn unenthüllt....des weihgefässes göttlicher gehalt/parsifal

berlin 1927	berliner philharmonisches orchester scheidl	78: grammophon 67185/ 66671/22368 lp: deutsche grammophon 2700 703/2721 078 lp: preiser LV 56 lp: emi 1C137 78174-78175M/ 1C181 30669-30678M cd: preiser 89156/89406

nehmt hin mein blut/parsifal

vienna 1 november 1937	wiener philharmoniker chor der wiener staatsoper	cd: koch 3-1463-2 *hermann may recording*
vienna 10 november 1942	wiener philharmoniker chor der wiener staatsoper	cd: koch 3-1456-2 *hermann may recording*

wein und brot des letzten mahles/parsifal

vienna 1 november 1937	wiener philharmoniker chor der wiener staatsoper	cd: koch 3-1463-2 *hermann may recording*

was stehst du da?/parsifal

vienna 1 november 1937	wiener philharmoniker alsen nikolaidi	cd: koch 3-1463-2 *hermann may recording*

wagner/**die zeit ist da!/parsifal**

vienna	wiener	cd: koch 3-1452-2/3-1837-2/
6 april	philharmoniker	3-1151-2
1939	wiedemann	*hermann may recording*

hier war das tosen...komm holder knabe!/parsifal
(blumenmädchenszene)

vienna	wiener	cd: koch 3-1452-2
6 april	philharmoniker	*hermann may recording*
1939	chor der wiener staatsoper	

vienna	wiener	78: decca (switzerland)
11 september	philharmoniker	K 28443
1950	chor der wiener staatsoper treptow	lp: decca LX 3036/LXT 2644
		lp: london (usa) LLP 451/ LPS 287
		cd: preiser 90699
		cd: testament SBT 1338

ich sah das kind/parsifal

vienna	wiener	45: decca CEP 573
13-15 may	philharmoniker	lp: decca LXT 5249/ADD 212/
1956	flagstad	SDD 212/ECS 825/ GRV 11/414 6251
		lp: london (usa) LLP 1533/ CS 5259
		cd: decca 414 6252/440 4752/ 440 4902/440 4952/ 458 2382/468 4862
		cd: archipel ARPCD 0347

wagner/amfortas, die wunde!/parsifal
vienna   wiener   cd: koch 3-1452-2
6 april   philharmoniker   *hermann may recording*
1939   a.konetzni, grahl

vienna   wiener   cd: koch 3-1456-2
10 november   philharmoniker   *hermann may recording*
1942   lorenz

gelobter held!/parsifal
vienna   wiener   cd: koch 3-1456-2
10 november   philharmoniker   *hermann may recording*
1942   braun, lorenz

ich sah ihn und lachte!/parsifal
vienna   wiener   cd: koch 3-1456-2
10 november   philharmoniker   *hermann may recording*
1942   braun

erlösung, frevlerin, biet' ich auch dir!/parsifal
vienna   wiener   cd: koch 3-1456-2
10 november   philharmoniker   *hermann may recording*
1942   braun, lorenz

du siehst, das ist nicht so!/parsifal
vienna   wiener   cd: koch 3-1452-2
6 april   philharmoniker   *hermann may recording*
1939   alsen

ich sah sie welken/parsifal
vienna   wiener   cd: koch 3-1452-2
6 april   philharmoniker   *hermann may recording*
1939   grahl, alsen

wagner/geleiten wir im bergenden schrein/parsifal
(verwandlungsmusik)

vienna	wiener	cd: koch 3-1463-2
1 november	philharmoniker	*hermann may recording*
1937	chor der wiener staatsoper	

vienna	wiener	cd: koch 3-1452-2
6 april	philharmoniker	*hermann may recording*
1939	chor der wiener staatsoper	

es birgt den helden der trauerschrein/parsifal

vienna	wiener	cd: koch 3-1463-2
1 november	philharmoniker	*hermann may recording*
1937	chor der wiener staatsoper	

höchsten heiles wunder!/parsifal

vienna	wiener	cd: koch 3-1463-2
1 november	philharmoniker	*hermann may recording*
1937	chor der wiener staatsoper	

vienna	wiener	cd: koch 3-1452-2
6 april	philharmoniker	*hermann may recording*
1939	chor der wiener staatsoper	

wagner / das rheingold

bayreuth 31 july 1951	bayreuth festival orchestra h.ludwig, brivkalne, siewert, s.björling, faulhaber, fritz, windgassen, kuen, pflanzl, weber, dalberg	decca unpublished
bayreuth 13 august 1956	bayreuth festival orchestra milinkovic, brouwenstijn, madeira, hotter, herwig, traxel, suthaus, kuen, neidlinger, greindl, van mill	cd: music and arts CD 1009/ CD 4009 cd: golden melodram GM 1001 cd: orfeo C660 513Y *issued in japan by seven seas*

bayreuth
14 august
1957
	bayreuth festival
	orchestra
	milinkovic,
	grümmer, ilosvay,
	hotter, blankenheim,
	traxel, suthaus,
	stolze, neidlinger,
	greindl, van mill
		lp: estro armonico EA 031
		lp: discocorp IGI 292
		lp: cetra LO 58/DOC 47/
		    GT 7030-7032
		lp: melodram MEL 576
		cd: music and arts CD 253
		cd: laudis LCD 44010/
		    154 021
		cd: golden melodram GM 1004

bayreuth 27 july 1958	bayreuth festival orchestra gorr, grümmer, ilosvay, hotter, saeden, konya, uhl, stolze, andersson, greindl, weber	lp: melodram MEL 586 cd: arkadia CDLSMH 34041/ CDMP 441 cd: golden melodram GM 1005

wagner/abendlich strahlt der sonne auge/das rheingold

vienna 10 june 1937	wiener philharmoniker szantho, hofmann	cd: koch 3-1474-2 *hermann may recording*

rienzi, overture

vienna april 1940	wiener philharmoniker	78: electrola DB 5607-5608 lp: private issue M 1016 cd: preiser 90116 cd: iron needle IN 1330 cd: grammofono AB 78522/ AB 78678 cd: toshiba SGR 8228 cd: archiphon ARC 110-111 cd: classica da capo 171 9162 cd: classica d'oro CDO 1010 cd: cantus classics 500 190 cd: history 204 551
london 31 december 1947- 3 january 1948	london philharmonic	78: decca K 1820-1821 78: london (usa) LA 181 lp: private issue P 1009/ M 1021 cd: preiser 90189 cd: wing WCD 23 cd: urania URN 22238 cd: testament SBT 1338

vienna
23-24 june
1950
	wiener
	philharmoniker
		78: decca (switzerland)
		    K 28361-28362
		lp: decca LX 3034
		lp: london (usa) LLP 451/
		    LPS 290
		cd: decca 440 0262/475 3092
		cd: urania URN 22 127
		cd: documents 205 229
		cd: membran 222 334
		cd: archipel ARPCD 0332

munich
november
1962
	münchner
	philharmoniker
		lp: westminster XWN 19055/
		    WST 17055/MCA 1413
		cd: mca classics MCAD 99811/
		    MVCW 18002

wagner/siegfried

bayreuth 2 august 1951	bayreuth festival orchestra varnay, lipp, siewert, aldenhoff, kuen, s.björling, pflanzl, dalberg	decca unpublished
bayreuth 15 august 1956	bayreuth festival orchestra varnay, hollweg, madeira, windgassen, kuen, hotter, neidlinger, van mill	cd: music and arts CD 1009/ 　　CD 4009 cd: golden melodram GM 1001 cd: orfeo C660 513Y
bayreuth 16 august 1957	bayreuth festival orchestra varnay, hollweg, ilosvay, aldenhoff, kuen, hotter, neidlinger, greindl	lp: estro armonico EA 033 lp: discocorp IGI 292 lp: cetra LO 60/DOC 49/ 　　GT 7038-7042 lp: melodram MEL 578 cd: music and arts CD 255 cd: laudis LCD 44012/ 　　154 021 cd: golden melodram GM 1004
bayreuth 30 july 1958	bayreuth festival orchestra varnay, siebert, ilosvay, windgassen, stolze, hotter, andersson, greindl	lp: melodram MEL 588 cd: arkadia CDLSMH 34043/ 　　CDMP 443 cd: golden melodram GM 1005

wagner/prelude...zwangvolle plage!/siegfried

vienna	wiener	cd: koch 3-1474-2
18 april	philharmoniker	*hermann may recording*
1936	zimmermann	

fühltest du nie im finstern wald/siegfried

vienna	wiener	cd: koch 3-1474-2
18 april	philharmoniker	*hermann may recording*
1936	zimmermann	
	kalenberg	

heil dir, weiser schmied!/siegfried

vienna	wiener	cd: koch 3-1472-2
12 october	philharmoniker	*hermann may recording*
1941	wernigk, hotter	

wanderer heisst mich die welt/siegfried

vienna	wiener	cd: koch 3-1460-2
16 june	philharmoniker	*hermann may recording*
1937	wernigk, hofmann	

auf wolkigen höh'n wohnen die götter/siegfried

vienna	wiener	cd: koch 3-1460-2
16 june	philharmoniker	*hermann may recording*
1937	hofmann	

vienna	wiener	cd: koch 3-1472-2
12 october	philharmoniker	*hermann may recording*
1941	hotter	

der witzigste bist du unter den weisen/siegfried

vienna	wiener	cd: koch 3-1472-2
12 october	philharmoniker	*hermann may recording*
1941	wernigk, hotter	

wagner/wer wird aus den starken stücken?/siegfried
vienna   wiener   lp: ed smith EJS 444
10 december   philharmoniker   *hermann may recording; ed smith*
1943   wernigk, hotter   *incorrectly named conductor as*
                                            ernst kraus

dein hirn brütete nicht, was du vollbracht/siegfried
vienna   wiener   cd: koch 3-1474-2
16 june   philharmoniker   *hermann may recording*
1937   lorenz, zec

was ihr mir nützt, weiss ich nicht....siegfried erschlug den schlimmen zwerg/siegfried
vienna   wiener   lp: ed smith EJS 444
16 june   philharmoniker   cd: koch 3-1474-2
1937   schumann, lorenz   *hermann may recording; ed smith*
                                            incorrectly named conductor as
                                            ernst kraus

dass der mein vater nicht ist/siegfried (waldweben)
vienna   wiener   cd: koch 3-1474-2
21 june   philharmoniker   *hermann may recording*
1941   svanholm, kern

vienna   wiener   78: decca (switzerland)
23-24 june   philharmoniker   K 28363/K 28442
1950   lechleitner   lp: decca LX 3034/LXT 2644
                                            lp: london (usa) LPS 290
                                            cd: preiser 90699
                                            cd: decca 440 0622/475 3092
                                            cd: urania URN 22127
                                            cd: membran 222 334
                                            cd: testament SBT 1338
                                            cd: archipel ARPCD 0332

wagner/**wache wala! erwache!**/siegfried

vienna	wiener	cd: koch 3-1474-2
18 april	philharmoniker	*hermann may recording*
1936	schipper, szantho	

vienna	wiener	cd: koch 3-1472-2
12 october	philharmoniker	*hermann may recording*
1941	hotter, bugarinovic	

der weckrufer bin ich....dir unweisen ruf' ich ins ohr/siegfried

vienna	wiener	cd: koch 3-1460-2
16 june	philharmoniker	*hermann may recording*
1937	hofmann, szantho	

stark ruft das lied...mein schlaf ist träumen/siegfried

vienna	wiener	cd: koch 3-1474-2
18 april	philharmoniker	*hermann may recording*
1936	schipper, szantho	

männertaten umdämmern mir den mut......ein wunschmädchen gebar ich wotan/siegfried

vienna	wiener	cd: koch 3-1474-2
18 april	philharmoniker	*hermann may recording*
1936	schipper, szantho	

vienna	wiener	cd: koch 3-1474-2
21 june	philharmoniker	*hermann may recording*
1941	schöffler, bugarinovic	

die walküre meinst du?/siegfried

vienna	wiener	cd: koch 3-1472-2
12 october	philharmoniker	*hermann may recording*
1941	hotter, bugarinovic	

wagner/wirr wird mir, seit ich erwacht/siegfried
vienna   wiener   cd: koch 3-1474-2
18 april   philharmoniker   *hermann may recording*
1936   schipper, szantho

du bist nicht, was du dich wähnst!/siegfried
vienna   wiener   cd: koch 3-1474-2
21 june   philharmoniker   *hermann may recording*
1941   schöffler

vienna   wiener   cd: koch 3-1472-2
12 october   philharmoniker   *hermann may recording*
1941   hotter, bugarinovic

mein vöglein schwebte mir fort/siegfried
vienna   wiener   cd: koch 3-1460-2
16 june   philharmoniker   *hermann may recording*
1937   lorenz, hofmann

vienna   wiener   cd: koch 3-1474-2
21 june   philharmoniker   *hermann may recording*
1941   svanholm, schöffler

wagner/**wer sagt' es dir, den felsen zu suchen...mit dem auge, das als andres mir fehlt....fürchte des felsens hüter/siegfried**

vienna	wiener	cd: koch 3-1474-2
21 june	philharmoniker	*hermann may recording*
1941	svanholm, schöffler	

vienna	wiener	cd: koch 3-1472-2
12 october	philharmoniker	*hermann may recording*
1941	sattler, hotter	

jetzt lock' ich ein liebend' gesell/siegfried

vienna	wiener	cd: koch 3-1474-2
18 april	philharmoniker	*hermann may recording*
1936	kalenberg	

heil dir sonne!.....ewig war ich/siegfried

vienna	wiener	cd: koch 3-1456-2
18 april	philharmoniker	*hermann may recording*
1936	a.konetzni, kalenberg	

wagner/siegfried idyll

berlin 23 january 1943	berliner philharmonisches orchester	78: electrola DB 7659-7660
salzburg 30 august 1949	wiener philharmoniker	lp: melodram MEL 711
cologne 7 may 1953	sinfonieorchester des westdeutschen rundfunks	cd: music and arts CD 1014 cd: tahra TAH 606-609 *issued in japan by seven seas*

vienna
29 march–
1 april
1955
	wiener
	philharmoniker
		lp: decca LXT 5065/
		     ECM 563/ECS 563
		lp: london (usa) LLP 1250/
		     LLP 1586/CMA 7207
		cd: decca 470 2542
		cd: testament SBT 1339

munich 6 january 1962	münchner philharmoniker	cd: refrain DR 92 0025 cd: living stage LS 1008 *issued in japan by seven seas*

munich
november
1962
	münchner
	philharmoniker
		lp: westminster XWN 19055/
		     WST 17055/MCA 1413
		cd: mca classics MCAD 80089/
		     MCAD 99811/MVCW 18002

hamburg 24 march 1963	sinfonieorchester des norddeutschen rundfunks	cd: arkadia CD 730/CDGI 730/ CDLSMH 34051/CDMP 451 cd: tahra TAH 132-135 *issued in japan by seven seas*
vienna 21 may 1963	wiener philharmoniker	cd: refrain DR 92 0026 cd: hosanna HOS 01 *also unpublished video recording*

wagner/tannhäuser, overture

munich november 1962	münchner philharmoniker	lp: westminster XWN 19055/ WST 17055/MCA 1413 cd: mca classics MCAD 99811 cd: originals SH 833 cd: urania URN 22 127 cd: theorema TH 121 125 cd: membran 222 334 *some reissues incorrectly described as bremen 1949*

tannhäuser, overture and venusberg music

london 31 december 1947- 3 january 1948	london philharmonic	78: decca AK 2211-2213 lp: london (usa) LPS 42

vienna
6-7 may
1953
	wiener
	philharmoniker
		lp: decca LXT 2822/LW 5106/
		    ACL 22/ECM 672/ECS 672
		lp: decca (germany) 220 032
		lp: london (usa) LLP 800/
		    CM 9069/B 19099
		cd: preiser 90699
		cd: decca 425 7872/440 0262/
		    475 3092
		cd: archipel ARPCD 0332

tannhäuser, venusberg music

berlin
1927
	berliner
	philharmonisches
	orchester
		78: grammophon 66701-66702
		78: brunswick 90298-90299
		lp: deutsche grammophon
		    LPEM 19 601/88 031/
		    2721 113/2740 259
		cd: preiser 90286
		cd: iron needle IN 1330
		cd: grammofono AB 78678

wagner/entry of the guests/tannhäuser

berlin	berliner	78: grammophon 66702/
1927	philharmonisches	27185/19852
	orchester	78: brunswick 90299
		78: decca LY 6047
		lp: deutsche grammophon LPEM 19 078/88 031
		lp: private issue P 1005/ M 1008
		cd: preiser 90286
		cd: wing WCD 40
		cd: archiphon ARC 110-111
		cd: urania URN 22 127
		cd: classica d'oro CDO 1010
		decca issue incorrectly described orchestra as städtische oper, probably because the work was coupled with tannhäuser overture played by that orchestra under manfred gürlitt

führt mich zu ihr!....to end of act one/tannhäuser

vienna	wiener	cd: koch 3-1467-2
20 november	philharmoniker	cd: radio years RY 98
1937	chor der wiener staatsoper lorenz, maikl, alsen, schellenberg, madin, gallos	*hermann may recording*

wagner/dich teure halle/tannhäuser

vienna	wiener	cd: koch 3-1467-2
20 november	philharmoniker	cd: radio years RY 98
1937	reining	*hermann may recording*

zürich	tonhalle-	78: decca (switzerland)
23 june	orchester	K 28165
1949	reining	lp: decca LX 3021
		lp: london (usa) LPS 109
		lp: preiser PR 9829
		cd: preiser 90083

ich fleg' für ihn!...erbarm dich mein!/tannhäuser

vienna	wiener	cd: koch 3-1467-2
20 november	philharmoniker	cd: radio years RY 98
1937	chor der wiener	*hermann may recording*
	staatsoper	
	reining, lorenz,	
	alsen, schellenberg,	
	maikl, madin,	
	gallos, ettl	

versammelt sind aus meinen landen/tannhäuser

vienna	wiener	cd: koch 3-1467-2
20 november	philharmoniker	cd: radio years RY 98
1937	chor der wiener	*hermann may recording*
	staatsoper	
	reining, lorenz,	
	alsen, schellenberg,	
	maikl, madin,	
	gallos, ettl	

allmächt'ge jungfrau/tannhäuser

zürich	tonhalle-	78: decca (switzerland)
23 june	orchester	K 28165
1949	reining	lp: decca LX 3021
		lp: london (usa) LPS 109
		lp: preiser PR 9829
		cd: preiser 90083

wagner/inbrunst im herzen/tannhäuser

vienna	wiener	cd: koch 3-1467-2
20 november	philharmoniker	cd: radio years RY 98
1937	lorenz	*hermann may recording*

vienna	wiener	78: electrola DB 7602
31 january	philharmoniker	lp: electrola E 60591
1942	lorenz	lp: emi 1C147 29154-29155M
		lp: preiser LV 1333
		cd: preiser 89232/90116
		cd: toshiba SGR 8228

tristan und isolde

zürich	tonhalle-	unpublished radio broadcast
5 june	orchester	*excerpts*
1947	and chorus	lp: ed smith ANNA 1025
	flagstad, cavelti,	cd: simax PSC 1822
	lorenz, boehm,	
	vishegonov,	
	kolazio	

munich	bayerisches	lp: discocorp IGI 345
23 july	staatsorchester	lp: documents OP 7542-7546
1950	and chorus	lp: movimento musica 05 002
	braun, klose,	cd: laudis LCD 44009
	treptow, frantz,	cd: grammofono AB 78075
	schöffler, peter	cd: gala GL 100 651
		cd: cantus classics 500 176-177
		cd: orfeo C395 433D
		cd: andromeda ANDRCD 9011
		excerpts
		cd: urania URN 22 127
		cd: documents 205 229

wagner/**prelude and liebestod/tristan und isolde**

vienna
22-25
september
1959
	wiener
	philharmoniker
	nilsson
		lp: decca LXT 5559/
		    SXL 2184/JB 58
		lp: decca (germany) BLK 20506/
		    SXL 20506/KD 13/SKD 13
		lp: london (usa) 5533/OS 25138
		cd: decca 414 6252/421 8772/
		    433 3332/433 3402/
		    452 8962/458 2382
		prelude only
		lp: decca BR 3063/ADD 426/
		    SDD 426
		cd: decca 425 7872
		liebestod only
		lp: decca GRV 24
		cd: decca 460 5962

hamburg 24 march 1963	sinfonieorchester des norddeutschen rundfunks ludwig	cd: arkadia CD 730/CDGI 730/ CDLSMH 34051 cd: nuova era 013 6304 cd: documents LV 903 cd: tahra TAH 132-135
vienna 31 may 1963	wiener philharmoniker nilsson	lp:hans-knappertsbusch-gesellschaft HKV 3 cd: refrain DR 92 0026 cd: hosanna HOS 01 dvd video: tdk CLHK 62

wagner/**prelude and liebestod**/tristan und isolde
orchestral version

berlin 19 november 1959	staatskapelle	lp: discocorp RR 535 cd: seven seas KICC 2030
munich november 1962	münchner philharmoniker	lp: westminster XWN 19055/ 　　WST 17055/MCA 1413 cd: westminster MCD 99881/ 　　MVCW 18001 cd: theorema TH 121 125

weh ach wehe, dies zu dulden!/tristan und isolde

vienna 22-25 september 1959	wiener philharmoniker nilsson, resnik	lp: decca LXT 5559/ 　　SXL 2184/JB 58 lp: decca (germany) BLK 20506/ 　　SXL 20506/KD 13/SKD 13 lp: london (usa) 5537/OS 25138 cd: decca 452 8962/458 2382

a recording of tristan act three prelude, made by knappertsbusch and the berlin staatskapelle in 1942 and apparently published on lp in a private edition by the munich nationaltheater, could not be verified

wagner/**die walküre**

bayreuth 1 august 1951	bayreuth festival orchestra varnay, rysanek, h.ludwig, treptow, s.björling, van mill	decca unpublished
bayreuth 14 august 1956	bayreuth festival orchestra varnay, brouwenstijn, milinkovic, windgassen, hotter, greindl	lp: melodram MEL 567 cd: music and arts CD 1009/ CD 4009 cd: golden melodram GM 1001 cd: orfeo C660 513Y

bayreuth
15 august
1957
	bayreuth festival
	orchestra
	varnay, nilsson,
	milinkovic, vinay,
	hotter, greindl
		lp: estro armonico EA 932
		lp: discocorp IGI 292
		lp: cetra LO 59/DOC 48/
		    GT 7033-7037
		lp: melodram MEL 577
		cd: music and arts CD 254
		cd: laudis LCD 44011/
		    LCD 154 021
		cd: golden melodram GM 1004
		cd: urania URN 22316

bayreuth 28 july 1958	bayreuth festival orchestra varnay, rysanek, gorr, vickers, hotter, greindl	lp: melodram MEL 587 cd: arkadia CDLSMH 34042/ CDMP 442 cd: golden melodram GM 1005 *excerpts* cd: myto 89002

wagner/die walküre, act one

vienna
28-30
october
1957
	wiener
	philharmoniker
	flagstad, svanholm,
	van mill
		lp: decca LXT 5429-5430/
		    SXL 2074-2075/GOM 581-
		    582/GOS 581-582/GRV 26
		lp: london (usa) A 4229/OSA 1204
		cd: decca 425 9632

vienna 21 may 1963	wiener philharmoniker watson, uhl, greindl	cd: living stage LS 34718 dvd video: tdk CLHK 63 *excerpts* cd: refrain DR 92 0026

der männer sippe; du bist der lenz/die walküre

vienna
13-15
may
1956
	wiener
	philharmoniker
	flagstad
		lp: decca LXT 5249/ADD 212/
		    SDD 212/GRV 11
		lp: london (usa) LLP 1533/
		    CS 5259
		cd: decca 421 8772/440 4902/
		    440 4952/458 2382

ein schwert verhiess mir der vater/die walküre

vienna 16 june 1941	wiener philharmoniker svanholm	lp: ed smith EJS 451 cd: koch 3-1469-2 *hermann may recording*

nächtiges dunkel deckte mein auge....to end of act 1/ die walküre

vienna 1 december 1943	wiener philharmoniker h.konetzni, lorenz	lp: ed smith EJS 451 lp: private issue (usa) M 1033 cd: koch 3-1474-2 *hermann may recording*

wagner/**nun zäume dein ross!/die walküre**

vienna	wiener	cd: koch 3-1456-2
12 june	philharmoniker	*hermann may recording*
1937	a.konetzni, hofmann	

hojotoho!; zu wotans wille sprichst du; sieglinde lebe, und siegmund lebe mit ihr!/die walküre

vienna	wiener	cd: koch 3-1466-2
19 september	philharmoniker	*hermann may recording*
1938	rünger	

walkürenritt/die walküre

berlin	berliner	78: grammophon 66705/66895
1927	philharmonisches	78: cetra OR 5010/OR 5026
	orchester	78: decca CA 8036
		lp: deutsche grammophon LPEM 19 601/88 001/2740 259
		cd: deutsche grammophon 459 0012/459 0652
		cd: preiser 90286
		cd: archiphon ARC 110-111
		cd: classica d'oro CDO 1010
		cd: urania URN 22 127
vienna	wiener	lp: decca LXT 2822/LW 5106/ ACL 22/ECM 672/ECS 672
6-7 may	philharmoniker	lp: decca (germany) 220 032
1953		lp: london (usa) LLP 800/ LD 9064/CM 9069/B 19099
		cd: preiser 90699
		cd: theorema TH 121 125
		cd: decca 440 0622/475 3092
		cd: archipel ARPCD 0332
		cd: urania URN 22238

wagner/fort denn eile!...o hehrstes wunder!/die walküre

vienna	wiener	cd: koch 3-1466-2
19 september	philharmoniker	*hermann may recording*
1938	rünger, h.konetzni	

leb wohl, du kühnes herrliches kind!/die walküre

vienna   wiener
9-11 june   philharmoniker
1958   london

- lp: decca LXT 5478/SXL 2068/ ADD 143/ADD 426/SDD 143/ SDD 426/414 6101
- lp: decca (germany) BLK 16125
- lp: london (usa) 5348/OS 25044
- cd: decca 414 6252/425 7872/ 467 9042

wesendonk-lieder

vienna   wiener
13-15 may   philharmoniker
1956   flagstad

- lp: decca LXT 5249/LW 5302/ ADD 212/SDD 212/ ECS 826/GRV 11
- lp: london (usa) LLP 1533/ CS 5259/OS 25101
- cd: decca 414 6242/440 4912/ 440 4902/448 1502/468 4862

excerpts
- lp: decca LXT 6042/SXL 6042

CARL MARIA VON WEBER (1786-1826)
aufforderung zum tanz, arranged by berlioz

berlin 12 december 1942	berliner philharmonisches orchester	78: electrola DB 7647 lp: private issue (usa) M 1008 cd: preiser 90260 cd: documents 205 229 cd: tahra TAH 311-312
munich 20 march 1955	bayerisches staatsorchester	cd: melodram MEL 18033 cd: living stage LS 1005 cd: orfeo C426 981B *issued in japan by seven seas, and also in a private edition for friends of munich prinzregententheater; melodram incorrectly described orchestra as münchner philharmoniker*
vienna 15-17 february 1960	wiener philharmoniker	lp: decca LXT 5594/SXL 2239 lp: decca (germany) BLK 21016/ SXL 21016 lp: london (usa) CM 9253/ CS 6192/STS 15045 cd: decca 440 6242

euryanthe, overture

cologne 14 may 1962	sinfonieorchester des westdeutschen rundfunks	lp: discocorp RR 543 cd: music and arts CD 4936 *issued in japan by seven seas*

der freischütz, overture

munich december 1928	bayerisches staatsorchester	78: homochord 4-8941 lp: private issue (usa) M 1015 cd: preiser 90389 cd: wing WCD 40

weber/o diese sonne!/der freischütz

salzburg	wiener	lp: ed smith EJS 332
3 august	philharmoniker	cd: grammofono AB 78017
1939	chor der wiener	cd: koch 3-1467-2
	staatsoper	cd: radio years RY 70
	völker, bohnen,	cd: wing WCD 15
	bissutti	cd: gebhardt JGCD 0015
		hermann may recording
vienna	wiener	cd: koch 3-1469-2
18 june	philharmoniker	*hermann may recording*
1941	chor der wiener	
	staatsoper	
	svanholm,	
	normann, rus	

hier im ird'schen jammertal/der freischütz

salzburg	wiener	lp: ed smith EJS 332
3 august	philharmoniker	cd: grammofono AB 78017
1939	völker, bohnen	cd: koch 3-1467-2
		cd: radio years RY 70
		cd: wing WCD 15
		cd: gebhardt JGCD 0015
		hermann may recording

schweig, damit dich niemand warnt!/der freischütz

salzburg	wiener	cd: koch 3-1467-2/3-1851-2/
3 august	philharmoniker	3-1151-2
1939	bohnen	cd: grammofono AB 78017
		cd: radio years RY 70
		cd: wing WCD 15
		cd: gebhardt JGCD 0015
		hermann may recording

weber/**wie nahte mir der schlummer?...leise leise/
der freischütz**

salzburg	wiener	cd: koch 3-1467-2
3 august	philharmoniker	cd: grammofono AB 78017
1939	lemnitz	cd: radio years RY 70
		cd: wing WCD 15
		cd: gebhardt JGCD 0015
		hermann may recording

drei! vier! fünf! die wilde jagd!/der freischütz

salzburg	wiener	lp: ed smith EJS 332
3 august	philharmoniker	cd: grammofono AB 78017
1939	chor der wiener	cd: koch 3-1467-2
	staatsoper	cd: radio years RY 70
	völker, bohnen,	cd: wing WCD 15
	soetber	cd: gebhardt JGCD 0015
		hermann may recording

und ob die wolke/der freischütz

salzburg	wiener	cd: koch 3-1467-2/2-1851-2/
3 august	philharmoniker	3-1151-2
1939	lemnitz	cd: grammofono AB 78017
		cd: radio years RY 70
		cd: wing WCD 15
		cd: gebhardt JGCD 0015
		hermann may recording

HUGO WOLF (1860-1903)
italian serenade, arranged by reger

berlin	berliner	lp: discocorp RR 496
28-29	philharmonisches	cd: refrain DR 92 0029
september	orchester	cd: rare moth RM 416
1952		
munich	münchner	lp: seven seas K19C 18-19
17 december	philharmoniker	cd: seven seas K30Y 262
1953		

ERMANNO WOLF-FERRARI (1876-1948)
der schmuck der madonna, excerpts: schon lange lieb' ich dich...mein ist die beute dort!; öffne mir dein fenster!; im staube lag ich dort

vienna	wiener	lp: teletheater 762 3596-3597
19 march	philharmoniker	cd: koch 3-1467-2
1937	chor der wiener staatsoper bokor, ardelli, jerger, maikl, ettl	*hermann may recording*

CARL ZIEHRER (1843-1922)
weaner mad'ln, waltz

vienna	wiener	78: electrola EH 1299
april	philharmoniker	lp: private issue (usa) P 1008/ M 1016
1940		cd: preiser 90116
		cd: toshiba SGR 8228

wiener bürger, waltz

vienna	wiener	lp: decca LXT 5420/BR 3043/ SXL 2016
15-16	philharmoniker	
october		lp: decca (germany) ND 760/ 641 767
1960		lp: london (usa) CS 6014/ STS 15264
		cd: decca 440 6242

Discographies by Travis & Emery:

Discographies by John Hunt.

1987: From Adam to Webern: the Recordings of von Karajan.

1991: 3 Italian Conductors and 7 Viennese Sopranos: 10 Discographies: Arturo Toscanini, Guido Cantelli, Carlo Maria Giulini, Elisabeth Schwarzkopf, Irmgard Seefried, Elisabeth Gruemmer, Sena Jurinac, Hilde Gueden, Lisa Della Casa, Rita Streich.

1992: Mid-Century Conductors and More Viennese Singers: 10 Discographies: Karl Boehm, Victor De Sabata, Hans Knappertsbusch, Tullio Serafin, Clemens Krauss, Anton Dermota, Leonie Rysanek, Eberhard Waechter, Maria Reining, Erich Kunz.

1993: More 20th Century Conductors: 7 Discographies: Eugen Jochum, Ferenc Fricsay, Carl Schuricht, Felix Weingartner, Josef Krips, Otto Klemperer, Erich Kleiber.

1994: Giants of the Keyboard: 6 Discographies: Wilhelm Kempff, Walter Gieseking, Edwin Fischer, Clara Haskil, Wilhelm Backhaus, Artur Schnabel.

1994: Six Wagnerian Sopranos: 6 Discographies: Frieda Leider, Kirsten Flagstad, Astrid Varnay, Martha Moedl, Birgit Nilsson, Gwyneth Jones.

1995: Musical Knights: 6 Discographies: Henry Wood, Thomas Beecham, Adrian Boult, John Barbirolli, Reginald Goodall, Malcolm Sargent.

1995: A Notable Quartet: 4 Discographies: Gundula Janowitz, Christa Ludwig, Nicolai Gedda, Dietrich Fischer-Dieskau.

1996: The Post-War German Tradition: 5 Discographies: Rudolf Kempe, Joseph Keilberth, Wolfgang Sawallisch, Rafael Kubelik, Andre Cluytens.

1996: Teachers and Pupils: 7 Discographies: Elisabeth Schwarzkopf, Maria Ivoguen, Maria Cebotari, Meta Seinemeyer, Ljuba Welitsch, Rita Streich, Erna Berger.

1996: Tenors in a Lyric Tradition: 3 Discographies: Peter Anders, Walther Ludwig, Fritz Wunderlich.

1997: The Lyric Baritone: 5 Discographies: Hans Reinmar, Gerhard Hüsch, Josef Metternich, Hermann Uhde, Eberhard Wächter.

1997: Hungarians in Exile: 3 Discographies: Fritz Reiner, Antal Dorati, George Szell.

1997: The Art of the Diva: 3 Discographies: Claudia Muzio, Maria Callas, Magda Olivero.

1997: Metropolitan Sopranos: 4 Discographies: Rosa Ponselle, Eleanor Steber, Zinka Milanov, Leontyne Price.

1997: Back From The Shadows: 4 Discographies: Willem Mengelberg, Dimitri Mitropoulos, Hermann Abendroth, Eduard Van Beinum.

1997: More Musical Knights: 4 Discographies: Hamilton Harty, Charles Mackerras, Simon Rattle, John Pritchard.

1998: Conductors On The Yellow Label: 8 Discographies: Fritz Lehmann, Ferdinand Leitner, Ferenc Fricsay, Eugen Jochum, Leopold Ludwig, Artur Rother, Franz Konwitschny, Igor Markevitch.

1998: More Giants of the Keyboard: 5 Discographies: Claudio Arrau, Gyorgy Cziffra, Vladimir Horowitz, Dinu Lipatti, Artur Rubinstein.

1998: Mezzos and Contraltos: 5 Discographies: Janet Baker, Margarete Klose, Kathleen Ferrier, Giulietta Simionato, Elisabeth Höngen.
1999: The Furtwängler Sound Sixth Edition: Discography and Concert Listing.
1999: The Great Dictators: 3 Discographies: Evgeny Mravinsky, Artur Rodzinski, Sergiu Celibidache.
1999: Sviatoslav Richter: Pianist of the Century: Discography.
2000: Philharmonic Autocrat 1: Discography of: Herbert Von Karajan [Third Edition].
2000: Wiener Philharmoniker 1 - Vienna Philharmonic & Vienna State Opera Orchestras: Disc. Part 1 1905-1954.
2000: Wiener Philharmoniker 2 - Vienna Philharmonic & Vienna State Opera Orchestras: Disc. Part 2 1954-1989.
2001: Gramophone Stalwarts: 3 Separate Discographies: Bruno Walter, Erich Leinsdorf, Georg Solti.
2001: Singers of the Third Reich: 5 Discographies: Helge Roswaenge, Tiana Lemnitz, Franz Völker, Maria Müller, Max Lorenz.
2001: Philharmonic Autocrat 2: Concert Register of Herbert Von Karajan Second Edition.
2002: Sächsische Staatskapelle Dresden: Complete Discography.
2002: Carlo Maria Giulini: Discography and Concert Register.
2002: Pianists For The Connoisseur: 6 Discographies: Arturo Benedetti Michelangeli, Alfred Cortot, Alexis Weissenberg, Clifford Curzon, Solomon, Elly Ney.
2003: Singers on the Yellow Label: 7 Discographies: Maria Stader, Elfriede Trötschel, Annelies Kupper, Wolfgang Windgassen, Ernst Häfliger, Josef Greindl, Kim Borg.
2003: A Gallic Trio: 3 Discographies: Charles Münch, Paul Paray, Pierre Monteux.
2004: Antal Dorati 1906-1988: Discography and Concert Register.
2004: Columbia 33CX Label Discography.
2004: Great Violinists: 3 Discographies: David Oistrakh, Wolfgang Schneiderhan, Arthur Grumiaux.
2006: Leopold Stokowski: Second Edition of the Discography.
2006: Wagner Im Festspielhaus: Discography of the Bayreuth Festival.
2006: Her Master's Voice: Concert Register and Discography of Dame Elisabeth Schwarzkopf [Third Edition].
2007: Hans Knappertsbusch: Kna: Concert Register and Discography of Hans Knappertsbusch, 1888-1965. Second Edition.
2008: Philips Minigroove: Second Extended Version of the European Discography.
2009: American Classics: The Discographies of Leonard Bernstein and Eugene Ormandy.

Discography by Stephen J. Pettitt, edited by John Hunt:
1987: Philharmonia Orchestra: Complete Discography 1945-1987

Available from: Travis & Emery at 17 Cecil Court, London, UK. (+44) 20 7 240 2129. email on sales@travis-and-emery.com .

© Travis & Emery 2009

Music and Books published by Travis & Emery Music Bookshop:

Anon.: Hymnarium Sarisburense, cum Rubris et Notis Musicus
Agricola, Johann Friedrich from Tosi: Anleitung zur Singkunst. (Faksimile 1757)
Bach, C.P.E.: edited W. Emery: Nekrolog or Obituary Notice of J.S. Bach.
Bateson, Naomi Judith: Alcock of Salisbury
Bathe, William: A Briefe Introduction to the Skill of Song
Bax, Arnold: Symphony #5, Arranged for Piano Four Hands by Walter Emery
Burney, Charles: The Present State of Music in France and Italy
Burney, Charles: The Present State of Music in Germany, The Netherlands …
Burney, Charles: An Account of the Musical Performances … Handel
Burney, Karl: Nachricht von Georg Friedrich Handel's Lebensumstanden.
Burns, Robert (jnr): The Caledonian Musical Museum (1810 volume)
Cobbett, W.W.: Cobbett's Cyclopedic Survey of Chamber Music. (2 vols.)
Corrette, Michel: Le Maitre de Clavecin
Crimp, Bryan: Dear Mr. Rosenthal … Dear Mr. Gaisberg …
Crimp, Bryan: Solo: The Biography of Solomon
d'Indy, Vincent: Beethoven: Biographie Critique
d'Indy, Vincent: Beethoven: A Critical Biography
d'Indy, Vincent: César Franck (in French)
Fischhof, Joseph: Versuch einer Geschichte des Clavierbaues
Frescobaldi, Girolamo: D'Arie Musicali per Cantarsi. Primo Libro & Secondo Libro.
Geminiani, Francesco: The Art of Playing the Violin.
Handel; Purcell; Boyce; Green et al: Calliope or English Harmony: Volume First.
Hawkins, John: A General History of the Science and Practice of Music (5 vols.)
Herbert-Caesari, Edgar: The Science and Sensations of Vocal Tone
Herbert-Caesari, Edgar: Vocal Truth
Hopkins and Rimboult: The Organ. Its History and Construction.
Hunt, John: some 40 discographies – see list of discographies
Isaacs, Lewis: Hänsel and Gretel. A Guide to Humperdinck's Opera.
Isaacs, Lewis: Königskinder (Royal Children) A Guide to Humperdinck's Opera.
Lacassagne, M. l'Abbé Joseph : Traité Général des élémens du Chant.
Lascelles (née Catley), Anne: The Life of Miss Anne Catley.
Mainwaring, John: Memoirs of the Life of the Late George Frederic Handel
Malcolm, Alexander: A Treaty of Music: Speculative, Practical and Historical
Marx, Adolph Bernhard: Die Kunst des Gesanges, Theoretisch-Practisch
May, Florence: The Life of Brahms
Mellers, Wilfrid: Angels of the Night: Popular Female Singers of Our Time
Mellers, Wilfrid: Bach and the Dance of God

Travis & Emery Music Bookshop
17 Cecil Court, London, WC2N 4EZ, United Kingdom.
Tel. (+44) 20 7240 2129

Music and Books published by Travis & Emery Music Bookshop:

Mellers, Wilfrid: Beethoven and the Voice of God
Mellers, Wilfrid: Caliban Reborn - Renewal in Twentieth Century Music
Mellers, Wilfrid: François Couperin and the French Classical Tradition
Mellers, Wilfrid: Harmonious Meeting
Mellers, Wilfrid: Le Jardin Retrouvé, The Music of Frederic Mompou
Mellers, Wilfrid: Music and Society, England and the European Tradition
Mellers, Wilfrid: Music in a New Found Land: ...... American Music
Mellers, Wilfrid: Romanticism and the Twentieth Century (from 1800)
Mellers, Wilfrid: The Masks of Orpheus: ...... the Story of European Music.
Mellers, Wilfrid: The Sonata Principle (from c. 1750)
Mellers, Wilfrid: Vaughan Williams and the Vision of Albion
Panchianio, Cattuffio: Rutzvanscad Il Giovine.
Pearce, Charles: Sims Reeves, Fifty Years of Music in England.
Pettitt, Stephen: Philharmonia Orchestra: Complete Discography 1945-1987
Playford, John: An Introduction to the Skill of Musick.
Purcell, Henry et al: Harmonia Sacra ... The First Book, (1726)
Purcell, Henry et al: Harmonia Sacra ... Book II (1726)
Quantz, Johann: Versuch einer Anweisung die Flöte traversiere zu spielen.
Rameau, Jean-Philippe: Code de Musique Pratique, ou Methodes.
Rastall, Richard: The Notation of Western Music.
Rimbault, Edward: The Pianoforte, Its Origins, Progress, and Construction.
Rousseau, Jean Jacques: Dictionnaire de Musique
Rubinstein, Anton : Guide to the proper use of the Pianoforte Pedals.
Sainsbury, John S.: Dictionary of Musicians. Vol. 1. (1825). 2 vols.
Simpson, Christopher: A Compendium of Practical Musick in Five Parts
Spohr, Louis: Autobiography
Spohr, Louis: Grand Violin School
Tans'ur, William: A New Musical Grammar; or The Harmonical Spectator
Terry, Charles Sanford: Four-Part Chorals of J.S. Bach. (German & English)
Terry, Charles Sanford: Joh. Seb. Bach, Cantata Texts, Sacred and Secular.
Terry, Charles Sanford: The Origins of the Family of Bach Musicians.
Tosi, Pierfrancesco: Opinioni de' Cantori Antichi, e Moderni
Van der Straeten, Edmund: History of the Violoncello, The Viol da Gamba ...
Van der Straeten, Edmund: History of the Violin, Its Ancestors... (2 vols.)
Walther, J. G.: Musikalisches Lexikon ober Musicalische Bibliothec (1732)

Travis & Emery Music Bookshop
17 Cecil Court, London, WC2N 4EZ, United Kingdom.
Tel. (+44) 20 7240 2129

© Travis & Emery 2009

www.ingramcontent.com/pod-product-compliance
Lightning Source LLC
Chambersburg PA
CBHW052052230426
43671CB00011B/1881